【決定版】龍体文字

神代文字で大開運！

森鍼灸院院長・断食リトリートあわあわ主宰
森 美智代

徳間書店

神様の願いと、この世に生きる私たちの祈りにより出てきたのが、龍体文字だと思います。


生きていると、多くの人が体のどこかに痛みを感じています。

そこに龍体文字の「きに」を書けば痛みがとまります。

神様たちからの愛のエネルギーがそこに現れてきたのです。

家族の誰かに痛いところがあって、例えば膝が痛くなって苦しんでいたら、マジックでささっと「きに」を書いてあげれば、たちまち魔法のように痛みが消えて感謝されて、明るい気持ちになります。


あるとき、道であった近所の人が、「お医者さんのところでオーダーメイドで作った靴の中敷きをつけているんだけど、膝が痛くて……」と言うので、「それじゃあ、龍体文字を書いてあげるから、膝を出して」と言って、マジックで「きに」を書いたら、たちまち痛みが楽になって、笑顔になってくださいました。

神様からダウンロードされた、魔法の文字の龍体文字の形の力によって、愛がふりまかれて、世界が平和に平和にとなっていくというわけです。

かゆみを止めるのは、「ぬ」です。蚊に刺されて赤く腫れてもりあがっているところに「ぬ」をマジックで書くと、たちどころにかゆみがとまります。

子供さんが、蚊に刺されてたら、「ぬ」を書いてあげてください。魔法にかかったように一瞬にしてかゆみがとれて、尊敬のまなざしで見てもらえることでしょう。

ＳＮＳで「かゆみをとる龍体文字の『ぬ』を書いたら、蚊に刺されたかゆみがたちどころに消えた」という投稿のリポストが４６１件、２６７６件の「いいね！」をいただいたようです。

それで、私の龍体文字の本が各出版社で売れて、増刷されたほどです。

それを知ったときは「ぬ」で？　と驚きました。確かにかゆみはすぐとれますけど、「きに」のように、もっとびっくりするほど痛みをとる龍体文字もあるのになと思いました。

ドイツ人と結婚されているドイツ在住の日本人の女性が、里帰りの際、森鍼灸院に来院されたときに、私の龍体文字の本を5冊もまとめて買ってくださいました。

不思議に思って「どうして同じ本ばかり、そんなに買われるんですか？」と尋ねると、「ドイツの友達に差し上げる」とおっしゃったので驚きました。

本文は日本語で書いてあるのでさっぱりわからないと思うのですが、文字はまねすればいいから大丈夫ということなのでしょう。

彼女は、龍体文字が気に入って、よく書いているようです。あるとき、近所のドイツ人が大腸がんで、抗がん剤を8クールするらしいけど、副作用がきつく出て断念していると聞いて、自分で書いた龍体文字のフトマニ図をその人に差し上げたそうです。

「これをおなかにのせておいてください」と。すると、大腸がんが消えてよくなったというので、その効能にもほれ込んで、ますますみんなに紹介して広めたくなったということです。ありがたいことですね。

この方の体験談は158ページに掲載しています。

また、お寺の尼僧が、龍体文字をたくさんTシャツなどに書いて、病気の方などに差し上げていると、小耳にはさんだりしています。

人は誰かが困っていると、助けずにはおれない気持ちを持っているんですね。

臨死体験をした人などに聞くと、死んで神様にあったときに、神様は「十分楽しみましたか？」「人助けをしましたか？」とお聞きになるらしいです。

龍体文字を書いていると、楽しめるし、人助けにもなるしで、2つの質問に「はい、できました」と答えることができそうです。

龍体文字は誰が書いてもその力をよく発揮してくれるので、たくさんの方が試して、周りの人に教えてくださっているのですが、書いた人が確信を持って書くと、よい結果が出るようです。

書いてもらう人がまったく信じていなくても、大丈夫なようです。

失くしものを見つける「ゐさ」で、友人の犬がどこかに行ってしまって、犬小屋に「ゐさ」を書いて貼ったところ、夕方には犬が自分で帰ってきたとか、認知症で徘徊《はいかい》したおばあちゃんを探すために「ゐさ」を書いたら、すぐ見つかったなどと聞いたことがあります。
言葉遊びで「雨にも負けず」の親しみやすいリズムを借りて、龍体文字バージョンを作ってみました。

雨ニモマケズ　替え歌　パロディー　龍体文字

BY森美智代

雨にも負けず、
風にも負けず、
(そう龍体文字の「ねせ」を書けば台風にも負けない。108ページ参照)
雪ニモ夏ノ暑サニモマケヌ（これは負けるかも）、
丈夫な体を持ち（少食で）、
慾はなく、

決して瞋《いか》らず、
いつも静かに笑っている。
一日に玄米四合と（ちょっと多過ぎ）、
味噌と少しの野菜をたべ（青汁と豆腐を入れて）、
あらゆることを自分を勘定に入れずに（名前を聞かれても、お礼をと言われても名乗るほどのものではありませんと去っていって、お礼をと言われても丁寧に辞退して）、
東に病気の子供あれば行って看病してやり（そして龍体文字の「きに」を書いたらいいよと教えてあげて）、
西に鍵をなくしたと困っている人があれば、
手のひらに龍体文字の「ゐさ」を書いて探せばいいと教えてあげて、
南に眠れない人があれば、龍体文字の「ゆん」を書けばいいと教えてあげて、
北にお金がないと困っている人がいれば、龍体文字の「く」を書けばいいと教えてあげる。
北西に悪霊が取り付いて困っている人がいたら、龍体文字の「ふ」を書けばいいと教えてあげ、
北東に子供が欲しいと思っている夫婦がいれば、龍体文字の「おれ」を書けば玉のよう

な赤ちゃんが授かると教えてあげ、

南西にイチゴの収穫を増やしたいと思っている農家の人がいれば、石に龍体文字の「こけ」を書いて畑の四隅におけば、収穫が2倍になると教えてあげ、

南東に蚊に刺されてかゆいという子供がいれば、マジックで「ぬ」を書いてあげて、かゆみをたちどころにとって目を丸くして驚かれ、

外国で日本人が歩いていると、
あの人たちは、龍体文字の魔法で、
みんなに愛と慈悲を振りまいて
幸せを運んでくれると
うわさされる。
そんな日本人になれたらいいな。
サウイフモノニ
ワタシハナリタイ

【決定版】龍体文字　神代文字で大開運！　目次

第1章　龍体文字とは

第2章 龍のお話

第3章 龍体文字が持つ意味とエネルギー

第4章 龍体文字のフトマニ図

第5章 願いをかなえる龍体文字

第6章 龍体文字の体験記

第7章 空海様の般若心経と龍体文字

装丁　三瓶可南子
編集　豊島裕三子
本文イラスト　浅田恵理子
カバーイラスト　Visualgo/Getty Images

第1章

龍体文字とは

約5500年前にできた龍体文字

日本語は、漢字が中国から伝わる前からずっと使われていました。それまで日本に文字がなかったわけではありません。漢字が伝わる前から使われていた文字が30種類以上あったと言われています。神話に出てくる文字です。神代文字《じんだいもじ》と呼ばれています。

その中でも、古いほうの文字が龍体文字です。

龍体文字は5500年前ごろにできました。「ウマシアシカビヒコジ」という神様が作ったと言われています。文字の形がくねくねして龍のようなので、龍体文字と呼ばれています。

龍体文字を作った神様は「ウマシアシカビヒコジ」。天皇家の秘宝でした

「うまし」という言葉は、素晴らしいという意味です。「ひこ」は男性、「じ」は祖父、伯父で、男性の尊称です。

神の名前の中心は「あしかび」で葦《あし》の成長のように、国土の成長力を神格化したもの、天地未分化の混沌《こんとん》の中に立つ生命の樹、天柱に相当する、天上における命を具現化という意味があります。

日本語の音韻《おんいん》は母音（あいうえお）＋子音（かさたなはまやらわ）で、これは他の言語ではないことです。文字のなかった時代も、その音の文字を作った時代も、言葉を発音して、意思疎通を図っていたので、発音し、聞く、という行為は、言霊《ことだま》の力であり、日本人の心を作っていったことでしょう。

母音の「あいうえお」は自然界の音です。癒しの波動です。

縄文時代は1万年以上、人殺しをしなかった平和な時代で、階級などなく、平等で幸せを感じられる社会だったようです。この2000年間は、日本史も世界史もずっと戦いの連続だというのに、とても素晴らしいことですね。

日本語は南インドのタミル語に似ているとか、縄文時代の日本人とおなじような考え方で生きているアフリカの村があるとか、日本の神代文字（ペトログリフ、ペトログラフ）に似たものが世界の遺跡の壁などに書かれたり、彫られたりしているという研究がすすんでいるそうです。地理的には離れていても、何か波動でつながっていたのでしょうか。

龍体文字は、「ウマシアシカビヒコジ」という神様が編集したということで、天皇家の秘宝で、長いあいだ伊勢神宮に大切に大切に保管されていました。遷宮《せんぐう》のたびに修復されて残ったのです。ありがたいことですね。

昭和になって、伊勢神宮の宝物を本に表すことになって、書道家の安藤妍雪《けんせつ》先生に、清書のご依頼がきました。そうして、龍体文字が世に広まることになったのです。

天皇陛下は、「この神代文字を表に出したのは、世界の人々に日本文化の一つとして公開することで、世界の平和に役立つでしょう」と願われたそうです。縄文時代のように、平和な世界に。

龍体文字を書くきっかけは、夢の導き

私が龍体文字を書くようになったのは、夢の導きのようなものです。あるとき、夢に知らない女の人が出てきて、「手伝ってあげます」と言って去っていきました。起きてみても何を手伝ってくれるのか、さっぱりわかりませんでした。

その日のお昼、私が注文していた神代文字の本が数冊届きました。パラパラとめくってみると、その一つに、昨日夢に出ていた女性がプロフィールで出ているではありませんか！　これは、この文字を使いなさいという神様のメッセージではないかと思いました。

それは、龍敬子《りゅうけいこ》さんという不思議な絵を描く画家の人の本でした。絵の中に龍体文字を書いておられました。

私はほかの人の龍体文字の本も読んで、龍体文字の形を知りました。

その中に「『きに』は痛みをとる」と書いてあって、私は鍼灸《しんきゅう》師なので、毎日痛みを持っている人がたくさん来られるので、これは面白い、使ってみようと思いました。

まず、スタッフの人から、それから、患者さんへと、使っていきました。

そうしているうちに、マキノ出版の編集の人が『「おうち断食」で病気は治る』という本を作っている最中だったので、たまたまおいでになったとき、不思議な龍体文字について雑談しているうちに、雑誌『ゆほびか』に出さないかという話が。そして『ゆほびか』にと声をかけていただきましたが、今月、フトマニ図を出したばかりなので『安心』にということになりました。新年号の特集で、私の書いた文字が付録に付くことになりました。

トントン拍子に進んで、龍体文字を書き始めて3か月ぐらいで、雑誌に出るようになりました。

龍体文字を始めてまだ少しなのに、トントン拍子の成り行きに、夢のお導きがあっただけのことはあるな、素晴らしいなと驚きました。

その雑誌を見た方で、北海道の90代の男性の方が、前立腺肥大で夜中に何回もトイレに起きていたので、付録の「きに」を活用して、パンツに「きに」を貼ったところ、その日は朝まで一回も起きずに、気持ちよく眠ることができて、排尿もサーとすることができたそうです。

その男性は、春になってカボチャの苗を植えて、秋になってカボチャを収穫した際に、お礼にと私のところへカボチャを4つ送ってくださいました。

龍体文字の「きに」は痛いところにマジックで書くと、すぐ痛みがなくなったりしますが、少し痛いところと大変痛いところを同時に書いたのに、大変痛いところは消えやすく、少し痛いところは消えにくいという報告を受けています。

悪いところが消えたらまた、繰り返し書くといいです。

自分で書きにくいところには、キネシオテープ（伸縮性のあるテープ）などにマジックで書いて貼るといいでしょう。

マスクやサポーターなど、布製品に書いてもいいです。刺しゅうをしてもいいです。

「きに」以外の文字についても、ダウジングや自動書記でだんだんと使い方がわかってきたころ、ワークショップに参加している方々から、本があったらいいのにという声がでてきて、一冊目の本ができました。

自動書記のはじまり
――「いい神様がいるようなので、大切にしなさい」

私は29歳くらいから自動書記が出てきました。自動書記は、自分が何を書こうかと考えていないのに、手が動いて文字を書くという霊的な現象です。

有名なところでは、天理教の教祖様《おやさま》の中山みきさんや、大本教の二大教祖の一人、教主輔の出口王仁三郎《でぐちおにさぶろう》聖師が自動書記をされていました。

はじまりは、手がムズムズするので、紙と鉛筆を持ちたくなって、持ってみたら、グルグルと文字の習い始めの練習のように曲線が出てくるだけでした。自分では書こうと思っていないので、どうしたことだろうと不思議でした。

それで相談に行ったのが、京都の俣野四郎《またのしろう》先生のところでした。俣野四郎先生は、大阪大学医学部を出た、お医者様です。「断食の神様」と呼ばれ、私の恩師である甲田光雄《こうだみつお》先生の先生である丸山博先生の同級生だったので、甲田先生よりは10歳ぐらい年上の先生だと思います。

俣野先生は医学部の学生時代から、瞑想をしていて、その最中に、「大祓《おおはら》いを唱えなさい」と言われて覚えたり、体が動いたりしていたそうです。

あるとき、患者さんに「横になってごらん」と口から診察台へ促す言葉が出てきて、腰に手が動いて、按摩《あんま》のようなことをすると腰が痛かった患者さんがよくなったそうです。

「一言も腰が痛いと言ったわけでもないのに、どうしてわかったのですか?」と患者さんが尋ねると、「医者だからわかるんだ」と答えたそうです。

そこから、お医者さんだけど、按摩のような不思議な治療が始まったそうです。

ただの按摩でなくて、霊的にも浄化するような、気を天から受け取って体の凝《こ》っているところに流して、邪霊がついていたり、迷っている霊の場合は、昇天するように、導いているそうです。

保野先生のところに行って、手が勝手に動くお話をしたところ、私の右手の親指を採んでくださって、紙と鉛筆を持ってきて、「さあ、書いてみなさい」とおっしゃるので、書いてみると、ひらがなの文字がものすごい速さで出てきました。ちゃんと文章になっているようでした。

それが自動書記のはじまりでした。

その後、甲田光雄《こうだみつお》先生にお会いして、自動書記のことをお話しすると、甲田先生は「目の前で書いてみなさい」とおっしゃったので、書いてみると、とても速いスピードでひらがなの文章が出てきました。甲田先生は「いい神様がいるようなので、その文章を大切にとっておきなさい」とおっしゃいました。

次に、大阪、鶴見神社の宮司さんでもある花谷幸比古《はなたにゆきひこ》先生に、自動書記のことをお話ししてみると、「目の前で書いてみなさい」とおっしゃるので、書いてみると、「良い神様がいるようなので、残しておこう」とおっしゃいました。

てっきり邪霊がついていると思っていたそうですが、良い神様だったようです。

それから、しばらくして、高知の私の鍼灸の師匠の塩見哲生《しおみてっせい》先生に自動書記のことをお話ししてみると、やはり「目の前で書いてみなさい」と言われて、書いてみると、「いい神様がいるようなので、大切にするように」とおっしゃいました。

これは、そのとき、私の周りにおられて霊感があった方、つまり審神者《さにわ》に見ていただいたわけです。

霊感がある方とまったくない方がいますが、霊感といっても、低級霊、邪霊、悪霊、動物霊とつながっている方もおられれば、高級霊、お釈迦様やキリスト様、高天原の神様とつながっている方もおられるわけです。

その方の波動によって、つかれる霊も変わってくるので、審神者のできる方に見ていただいて、低級霊ならば取っていただいて、高級霊ならば残しておいて、大切に保存しておくことになります。

龍体文字もきっと、優秀な霊能者の人の自動書記と優秀な審神者の方のお墨付きをいただいて、大切に保存された文字だと思います。

目に見えないエネルギーとは？

インドや中国、日本など古代の東洋思想は、「目に見えない世界」と「目に見える世界」があって、目に見えないものが確かにあって、大切なものだと思っていたはずです。

東洋医学の気というのは、目には見えないけど、生命力や自然治癒力を表していて、血のように体を流れているものです。血《けつ》はボディーを流れています。

仏教では、空《くう》という目には見えないけれど、とても大切な世界があります。

この世は見える色の世界ということで、色即是空《しきそくぜくう》、空即是色《くうそくぜしき》といって、この世とあの世は一つのものでつながっていると教えています。

生まれてから死ぬまで、いのちを運んでいきます。

「運命」と書きますけど、生まれてから死ぬまで、生きている間にたくさんのことを魂に刻んでいきます。

それを霊界に行ったときに、「これが私の人生でした」と神々にお見せするわけです。

	見えない世界	見える世界
東洋医学	気	血
仏教	空	色
インド	プラーナ	
治療	鍼	薬
養生法	呼吸法、気功、ヨガ	体操、食養生
	幽界	顕界

生まれる前にいたところと、死んでから行くところは、見えない世界です。

目に見えない世界を「幽界」といい、目に見える世界を「顕界」といいます。

見える世界と見えない世界はつながっていて、生きている間も、ずっと見えない世界のサポートを受けているのです。

見える世界で生きている間に美しい魂に成長すると、霊界でそれにみあった階級にあがって、地球を卒業すると、宇宙に旅立って、他の星の神様になっていくのです。

この世がいいところになれば、あの世もいいところになって、宇宙もいい宇宙になっていくというわけです。

インドも、目に見えないエネルギーであるプラーナを大切にしています。

東洋医学のプロの治療をする人は、気を動かし、補います。また、邪気を取り除くのは、鍼灸でしています。目に見える物質の薬をつかって体を治すのは、漢方薬でします。

患者さん自身が行う養生法では、気に対しては、呼吸法や気功、ヨガなどです。

目に見える方法としては、体操や食養生です。

「ケガレ」という言葉がありますが、「気枯れ」と書くと、「気が少ないところ」ということになります。気が少ないところには、老廃物がたまって、汚くなります。凝《こ》りや汚血《おけつ》があるところです。

血は気によって運ばれるので、気が少なく、ゆっくり動いているところは、汚れるのです。腸の動きが悪いところ、腸マヒのところには宿便がたまるのです。

龍も目に見えないエネルギーなので、龍さんが側にいれば、人間社会の血液であるお金の周りがよくなったり、人との交流が盛んになったり、よいことが起こることでしょう。

自分の波動を高めるには？

自分の波動を高めて、高級霊と仲良くなりたい方は、宇宙をつくった神様と同じ想いになると良いと思います。

同じ種類の波動のものは共鳴し、集まってくるのです。

宇宙を創った神様は、みんな自分の子供なので、兄弟が仲良くしてくれたらいいと願っています。同じ想いを祈っている人がいれば近くによってきてくださいます。すると、低級霊は、まぶしくなってその人の側にはいられなくなります。

地球は愛の学校です、宇宙の未来の神様を育てるところなので、宇宙の平和も地球にかかっているので、愛のオーラであふれる地球にしたいですね。

地球卒業生になるほどの魂でも、カルマが残っていると、うまくいかないことがあるらしいので、地球卒業生になるまでに、いろいろなカルマの解消をしておくことが肝心です。

何かひどい目にあったなと思っても、恨んだり仕返しをするのでなくて、これで前世からのカルマが一つ解消した、消えていく姿だなと感謝して流していくことです。

龍体文字は高次元世界からのギフトです

最後に、龍体文字の書き順などについてです。龍体文字はずっと秘宝として保存された文字なので、漢字やひらがなのように大勢の人が書きやすいように書き順を教えたということはありません。なので、見たままを正確に書くといいです。

また、自分の名前を書いてみるのは、自分だけのお守りになってとてもいいことです。濁点や破裂音は書かないで、そのままで大丈夫です。小さな字も、そのままの字の大きさで書いてください。

→→→→

「しゆんこ」

→

「じゅんこ」

誰かに書いてあげる場合、書いてもらう人がまったく信じていなくても、効果はあります。書く人が信じているほうが効果はあるようです。

私以外の人が、龍体文字を書いてもよく効きます。たくさんの方が本を見て、真似をして書いて効果があったので、本がたくさん売れたのだと思います。一人の方が、お友達にと何冊も購入したりしています。

森鍼灸院には、たまに外国の方も来られますが、日本人でなくても、日本語がわからなくても、平等に痛みがとれていきます。龍体文字を書いて痛みが止まったのに目を丸くされて、驚いておられました。

もっとたくさんの人が龍体文字を使ってくれると嬉しいなあと思います。

海外旅行やお仕事で外国に行ったとき、また、結婚して外国に行かれたときに、困っている人がいたら、そっとマジックをだして、痛いところに「きに」を書いてあげて、感謝されて、仲良くなれたら素敵なことだなと思います。

「お礼をしたい」「お名前を」と言われたら、「お礼はいりません。名乗るほどのものではありません」と言って去っていくカッコいい日本人が世界中でふえたら面白いなあと妄想しているところです。

天気をよくしたり、失くしものを見つけたり、痛みをとったり、邪霊をとったり、魔法使いのようだねと噂される人が出てきたらいいなと思います。

神代文字の本は、ニッチな分野だから、こんなに売れるとは思わなかったということをよく言われます。夢のお告げのせいでしょうか。

夢は5次元以上の世界だそうです。

アニメの「君の名は。」は、3年前の女の子と現代の男の子が入れ替わるお話でしたが、夢の世界は過去も未来もない世界ですね。

龍体文字は、高次元の世界からのギフトなのかもしれません。

第2章

龍のお話

龍について

十二支は、古代の中国で生み出されたものです。中国史最古の王朝といわる「殷《いん》」時代に、甲《こう》・乙《おつ》・丙《へい》などの十干《じっかん》と組み合わされていましたが、やがて人々が暦を覚えやすくなるようにと、12種類の動物が当てはめられるようになりました。

十二支にはそれぞれに意味がありますが、広く知られていることのほかに、実は本当の意味があります。草木の成長における各相を表しています。

子（種子誕生）――子年は健康の種をつくるため、少食にしましょう。

丑（芽が出る）――丑年は健康の芽を出すため、少食にしましょう。

寅（地面にはえる）――寅年は健康の葉がはえるように、少食にしましょう。

卯（茂る）――卯年は健康の木が茂るように、少食にしましょう。

辰（活発に動く）――辰年は健康になるために少食に努めて、活発に動きましょう。

己（極限に茂る）――巳年は葉も枝も茂るとても盛んな状態のとき。健康の盛んなときを迎えるので、少食にしましょう。

午（衰退の兆候）――午年は成熟した健康のために、健康法をがんばりましょう。

未（果実が熟す）――健康の実をつけるために、少食を習慣にしましょう。

申（果実が固まる）――健康の実を大きくするために、少食にしましょう。

酉（極限に熟す）――健康の実が熟すように、少食になりましょう。


戌は「枯れる」なので、書きにくいので触れないようにしますね。

最後の亥年は「健康の種にいのちをいれるように、少食にしましょう」

以上です。

２０２４年の辰の年は、茎も葉も茂って、整って、とてもパワフルな感じなので、まさに龍ですね。


辰、龍は、干支の中の動物で唯一空想の動物です。中国では、四神《しじん》（青龍《せいりょう》、白虎《びゃっこ》、朱雀《すざく》、玄武《げんぶ》）、四霊（応龍《おうりゅう》、麒麟《きりん》、鳳凰《ほうおう》、霊亀《れいき》）に入っています。

四霊の中で、龍は鱗《うろこ》のある動物の長とされています。爬虫類《はちゅうるい》、魚類ですね。麒麟は獣類の長、鳳凰は鳥類の長、霊亀は甲羅を持つ動物の長ということになっています。

仏教では、仏様の眷属《けんぞく》、『法華経』の中に観音菩薩の守護神として八大龍王が出てきま

目は鬼
頭は駱駝
上には博山
顎の下に珠と
逆さまの鱗(逆鱗)
角は鹿
耳は牛
翼はコウモリ
手には宝珠
手と足に炎
爪は鷹
体は蛇、鱗は鯉
(背中の鱗は81枚)
腹は蜃

す。神道では、滝や沼などの水のある所に、あるいは漁業のために海や川の安全のために龍神様がお祀《まつ》りされています。農耕には、雨が必要で、雨ごいのときなどに、漁業には安全のためお祈りされていたことでしょう。

龍の形は、さすが空想の動物なので、角は鹿、頭は駱駝《らくだ》、目は鬼、体は蛇、腹は蜃《みずち》、鱗《うろこ》は鯉《こい》、爪は鷹、掌は虎、耳は牛に似ている。長いひげを蓄えて、あごの下に1枚逆さにはえた逆鱗《げきりん》があって、そこを触られるのがとてもいやらしく、「逆鱗に触れる」という言葉があるくらいです。

龍のお腹は蜃で、想像上の動物で龍の足がないもので、口から楼閣を出すそうです。蜃気楼の蜃で、蜃がゆらゆら見えるという。幻の楼閣は　蜃が吐いたと思われていたそうです。

蜃は龍の手足がないもので、龍のお腹は蜃というもので、どちらも想像上の動物なので、はっきりしません。

龍の姿

龍の口は諸説ありますが、鰐《わに》のような口、飛龍の翼はコウモリの形、手には太陽・月の象徴である宝珠を持って、背中には81枚の鱗があります。誰が数えたのでしょうか？

声は銅盤（銅製のたらい）を打ったときの音に似ています。

顎の下に輝く珠があって、頭の上に山の形をした博山《はくさん》（尺木《せきぼく》ともいう）があります。

龍はあらゆる動物の祖であり、あらゆる動物の頂点に君臨するものとして最高の瑞祥《ずいしょう》とあがめられています。

手と足に炎をまとって描かれることが多いです。

全体のプロポーションは首から腕の付け根、腕の付け根から腰、腰から尾までの三つの部分の長さがそれぞれ等しいと言われています。これは、天上、海中、地底の三界に通じるとされます。

龍の絵はたくさんありますが、逆鱗や81枚の鱗が描いてある龍を見てみたいものです。

竜宮城の入り口

竜宮城の入り口といえば、琵琶湖に浮かぶ竹生島《ちくぶ》をイメージしてしまいます。

私の知人で、ウォークインの宇宙人の方によると、琵琶湖に竜宮城があって、竹生島で瞑想しないと、瞑想の中で竜宮城に行けないそうです。

それを聞いて、ぜひとも竜宮城を感じてみたいと竹生島に行ったことがありました。

残念ながら、私は瞑想しても竜宮城には行けませんでしたが、瞑想が成功した宇宙人さんの話によると、竜宮城にはたくさんの宇宙人さんがいて、地球になじむためのビデオをみて地球の勉強をしていたり、地球の食事に馴れるための給食を食べていたり、地底人のいるもっと深いところへ行くために、ジェットコースターみたいな乗り物に乗っていくそうです。

そこには地底人さんがいて、大きい人や爬虫類みたいな人、青い人がいたそうです。

竜宮城に帰ってくると、いよいよお別れのときに、乙姫様が「お土産になにかさしあげましょうか?」「どんなものがいいでしょうか? 宇宙語翻訳機はいかがでしょうか?」

とおっしゃったそうです。

知人の宇宙人さんは「それなら、もうできるからいいです」と断って帰ってきたというではないですか！　なぜそこでもらってきて、私にプレゼントしようとか思ってくれなかったのかなと思いました。

竹生島は、有名なパワースポットで、「日本三大弁財天」の宝厳寺《ほうごんじ》があります。津久夫須麻《つくぶすま》神社があります。

せっかく、竹生島に行ったので、宝厳寺にお参りして、宝物殿も拝見することにしました。

すると、お部屋の真ん中に、2重のガラスケースに入った、お釈迦様の像がありました。「面向不背《めんこうふはい》の玉」と書いてありました。

竹生島、宝厳寺の宝物殿にあったお釈迦様

私が近づいてみると、お釈迦様の上の飾りが、揺れて振動してビックリしました。

部屋の中のガラスケースの中の飾りだったので、風の影響はなさそうです。他の人が近づいても動きません。一緒にいた竜宮城に行った宇宙人さんも近くにいたのに動きませんでした。なにか、私に関係するお釈迦様なのかなと思いました。

以前、臨死体験を3回もして、本人も知らないようなことを教えてくださる不思議なはんこ屋さんの山本桃仙先生にお会いしたときに、「あなたはインドに行ったことがあるね。そのとき、お釈迦様を背中につけてきたよ」と言われたので、私の背中のお釈迦様に反応したのかもしれないなと思いました。

あとで、その「面向不背の玉」の物語を知って、奈良時代初期の政治家、藤原不比等《ふひと》や、龍にも関係していることがわかりました。

その物語は、「海女《あま》の玉取り伝説」です。藤原不比等の妹は、中国の唐に嫁いでいたそうで、不比等の父親である鎌足が亡くなったときに、弔いのために唐の皇帝から贈られた3種の宝物の一つが、「面向不背の玉」だったそうです。

藤原不比等が『面向不背の玉』を持って都に帰る途中、四国の志度《しど》沖（香川県さぬき市あたり）で、嵐のために船が揺れて、龍神に奪われてしまいます。

不比等は玉を取り返そうと志度の地にとどまり、そこで出会った海女と恋仲になります。

海女に自分のことや宝物のことを話します。そして、二人の間に生まれた男の子を藤原家の正式な跡取りにと約束し、海女は自分の命と引き換えにその玉を取り返しに行きます。自分の乳房を切り、そこに玉を入れて持って帰り死んでしまうという悲しいお話です。その玉は奈良県の興福寺に収められて、それから、竹生島の宝厳寺にこられたということです。

藤原不比等は、日本を中国式にするために、法律や建物を中国風にして、文字も今まで使っていた神代文字を使用禁止にして中国の漢字を使うようにした張本人です。龍体文字も、使用禁止になったはずです。

私の父方の家系図をみると、藤原不比等はご先祖様の一人のようなので、千年以上後の末裔《まつえい》の一人が、私のようです。

龍体文字を消した人の末裔が、こうして龍体文字を盛り上げようとしているのは、面白いことですね。

ひょっとしたら霊界の藤原不比等の魂が、末裔の私に白羽の矢を立てて、龍体文字の復興を計画したのかもしれません。

千年前からのご先祖様をずっと足していくと何人になると思いますか？
両親は２人、祖父母は４人、曽祖父母は８人、16人、32人、64人、１２８人、２５６人、５１２人ときて、10代前では、１０２４人です。両親から、10代前までの人数を足していくと、２０４６人になります。20代までさかのぼると、１０４万８５７６人。両親から、20代前までの人数を足していくと、２０９万７１５０人なんです。
これだけ多いご先祖様のことを考えると、人類皆兄弟と思えてきますね。

千年さかのぼると１１００兆人です。その中の１人ということです（でも、いとこ同士で結婚するとかが重なれば、同じご先祖があるので、これほど膨大な人数にならないです）。

その間、地球があって、太陽はいつも昇って、空気もいつもあって、食べられる動植物があって、助け合う家族や友人がいて、結婚して、子供ができて、育つまで生きてから死んでいって、奇跡的な連鎖の中で私たちの体の中のＤＮＡになっているのです。

龍と台風

ずいぶん前の話になりますが、ニューヨーク在住の自然療法医師、小林健先生に招かれて、「アメリカで講演会をしてください」とお呼びがかかりました。以前にボストンに行ってお話ししたこともありますが、久しぶりのことです。

暑い夏でしたが、ちょうどニューヨークに行く前の日に、はせくらみゆきさんと体操のDVDを作るための撮影をすることになっていて、奈良のスタジオではせくらみゆきさんとお会いすることになっていました。

実は、そのとき日本には台風が接近していて、明日、成田空港から飛行機にのってアメリカのニューヨークに行くというのに、出発時間に千葉県あたりを台風が通る天気予報でした。嫌だなと思っていて、みゆきさんにそのことを話すと、

「台風さんの名前で、直接お願いしたらいい」

と教えてくださったので、台風何号ではなくて、名前をつけてお願いしました。

「明日、アメリカに行って少食のお話をするという大事なお仕事があるから、台風をなんとかしてください」と。はせくらさんが「龍は台風のお母さんだけど、お母さんからやめ

なさいと言われるより、直接、台風さんに頼むほうがご機嫌がよくなる」と教えてくださったので、名前でお願いしました。

すると、はせくらさんの横にある観葉植物の葉っぱがゆれだしました。

次の日朝起きると、なんということでしょう。台風は温帯低気圧になって、とてもいいお天気になっていました。

龍体文字の「ねせ」は台風と大雨に役立つ

その後、龍体文字の「ねせ」が台風に効果があることがわかってきたので、大事な用事と重なりそうなときは、台風さんの名前で直接お願いすることにしました。

また、台風の雲の写真を携帯で取り込んで、編集ソフトで龍体文字の「ねせ」を書き込むことができるようになって大変助かっています。

龍体文字を大好きなみなさんも試してくださり、「台風の被害にあわなくてよかった」とたくさんの報告をしていただいています。

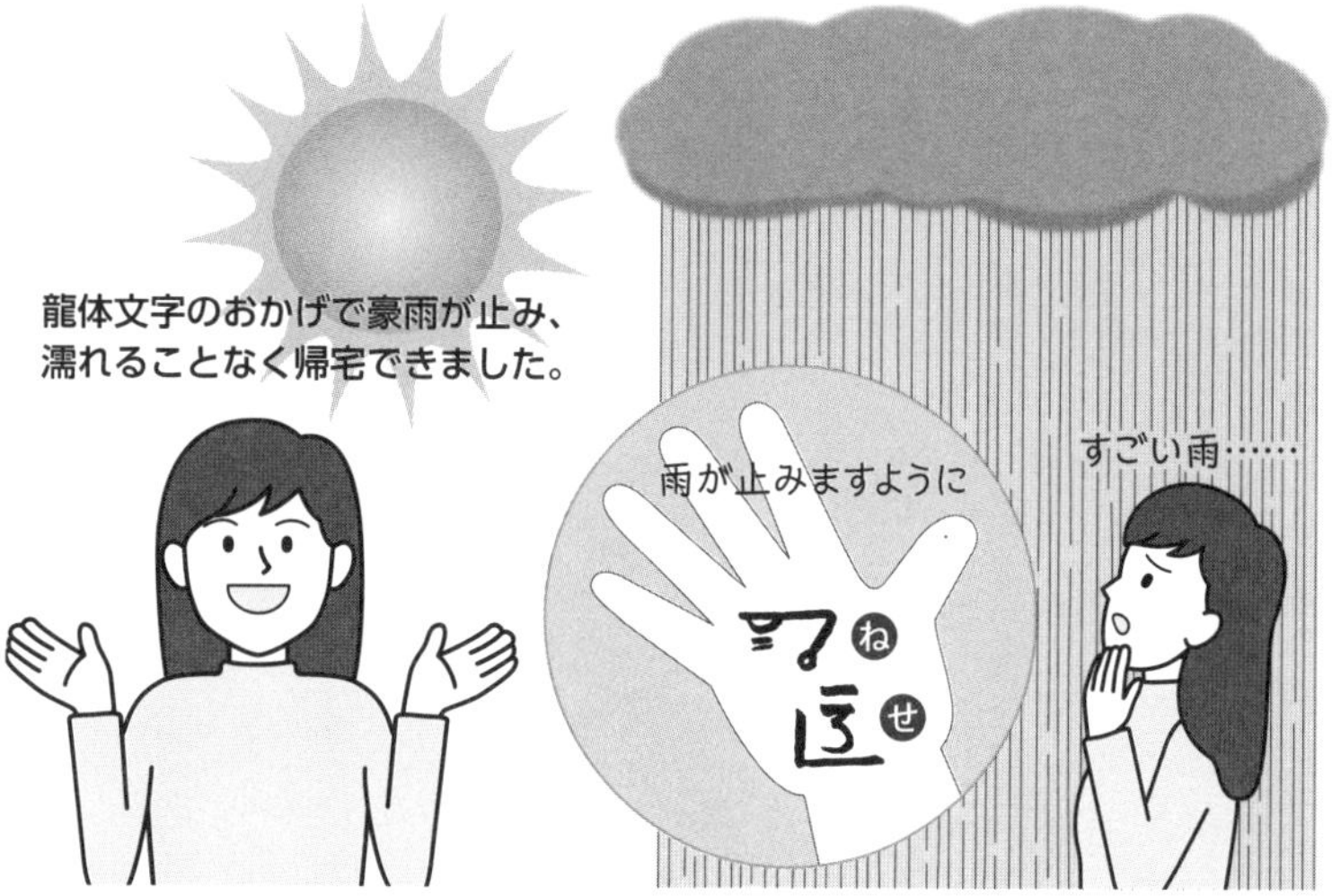
龍体文字のおかげで豪雨が止み、
濡れることなく帰宅できました。
雨が止みますように
ね
せ
すごい雨……

龍体文字の「ねせ」は台風だけでなくて、大雨のときにも力を発揮してくれます。

ある夏の日の夕方に突然、豪雨になりました。傘が役に立たないほど滝のような雨で、早く帰らないと電車も止まりそうな勢いです。

そこで、手のひらに龍体文字の「ねせ」を書いて、お願いしました。

すると、なんということでしょう。10分もすると、雨がやんだのです。「今だ」と急いで駅に行きました。駅から家に着いたとたんに、雨がザーッと降り出しました。

今まで降りたかったのを我慢して、私が家に入るのを確認して降り出したようなタイミングでした。龍体文字の「ねせ」を信じてはいましたが、とても驚きました。

みなさんもぜひ活用してみてください。

龍の雲を見つけたら「ありがとう」

雲が龍のように見えるときがありますね。それが、太陽に照らされたりすると、神々しく光ってたりすると、余計にそう思います。

そういう雲を見つけたら、「ありがとう」「いつもそばにいてくれてありがとう」とお礼を言っています。「いつも側にいるよ」と、挨拶にきてくれたと思うからです。

ずいぶん前にも、龍のような雲を見つけたとき、「背中に乗りますか?」という声が浮かんだので、「乗ります。乗ります!」と返事をしたことがありました。

伝説のように銅鑼《どら》のような声ではなく、私が思いついたように、自分の内側から出てきたのです。

龍体文字の本を出したり、ワークショップをやっていると、いつしか天気運が上がって、雨をすり抜けていたり、良いことが重なるような気がします。

ある日、大雨で電車に乗っているときに、1本前の電車が大雨で止まってしまったこと

いつも側にいるよ
いつも
そばにいてくれて
ありがとう
背中に乗りますか？
乗ります。
乗ります！
自分の内側から言葉が出てきました。

がありました。しばらく停車するというアナウンスが流れ、仕方がないなと思っていましたが、「こういうときに龍体文字を試してみたらどうだろう？」と興味が湧いたので、電車を降りてマジックを購入し、掌に「ねせ」を書いてみました。

すると、書いたとたんに電車が動き始めたので驚きました！「こんなことってあるだろうか」と思いました。

先述の通り、龍体文字は、ウマシアシカビヒコジという神様が作られて、文字の形が龍のようにクネクネしているから、龍体文字と呼ばれています。

世の中には、龍と交信できる人がおられるようで、「龍体文字の本を読みなさい」と龍に言われて、「本を買って森先生のことを知りました」という方が現れました。龍にもこの文字を推薦していただけているのかと、何か嬉しい気持ちがしました。

龍体文字を本屋さんで購入した人の中には、「本屋さんに行ったら、龍体文字の本の背表紙が光って見えて、引き寄せられるように本を買ってしまった」という方がおられたり、「龍体文字の本が落ちてきて、買うことになった」など、聞いている私も驚くような話が

龍の雲を見つけたら「ありがとう」

龍の置き物をつくってみました

あります。

目に見えない世界に、龍神様の世界が存在して、そこの龍神様は、かなり龍体文字を好きでいてくださると思います。

通信可能なお方に、「龍体文字を勉強しなさい」と教えてくださっています。

屋久島は龍の住む島

話は変わりますが、屋久島（鹿児島県）は、龍がいつもいそうな島です。

雨のよく降る島で、苔がとても生えています。そして世界遺産の屋久杉、縄文杉が自生している豊かな自然の島です。アニメの「もののけ姫」の風景のような、一面緑色の世界が広がっています。

かつてグループの方と一緒に屋久島に行ったときに、具合の悪い方に出会いました。

トイレで見知らぬ女性が、「この方が車酔いで気持ちが悪いみたいで、何とかしてあげてください」というので、針の道具をもってきて、置針を足のツボの車酔い止めのところに貼ったら、すぐによくなりました。

その方は「お名前を教えてください、お礼をしたい」とおっしゃったのですが、私は

「名乗るほどのものではありません。お礼もいりません」と言って去りました。

旅の目的は縄文杉に会うためでしたが、私は足が遅すぎるので、ガイドさんに途中から「帰りなさい」と言われて、トボトボ一人で帰ることになるという悲しいことがありました。しかし「諸事万事塞翁《さいおう》が馬《うま》」の諺《ことわざ》ではありませんが、悪いことの後には、いいこともあります。

薄暗い雨のなか一人で歩いていると、何かがいるような気配がします。見てみると何もいないけれど、気配だけするので、写真を撮って歩き続けました。後で見ると、白い光の塊が、なんだか目のように見えるものがありました。屋久杉の木霊《こだま》のようです。

屋久島の木霊

縄文杉には会えなかったけど、それを慰めるかのように、屋久杉の木霊が出てくれてラッキーでした。

後でその写真を、ニューヨークの小林健先生に見てもらったら「縄文杉の木霊の家族がピクニックに来ていたようだね」と教えてくださいました。

屋久島を上から見ると、島の上だけ雲がとぐろを巻くように浮かんでいて、これは雨がふりそうだな、龍が島を抱えこんでいるようだなと見えました。

地元では、「屋久島はひと月に35日雨が降る」というほど、雨の多いところです。まさに龍の住む島だと思いました。

第3章

龍体文字が持つ意味とエネルギー

龍体文字 48字

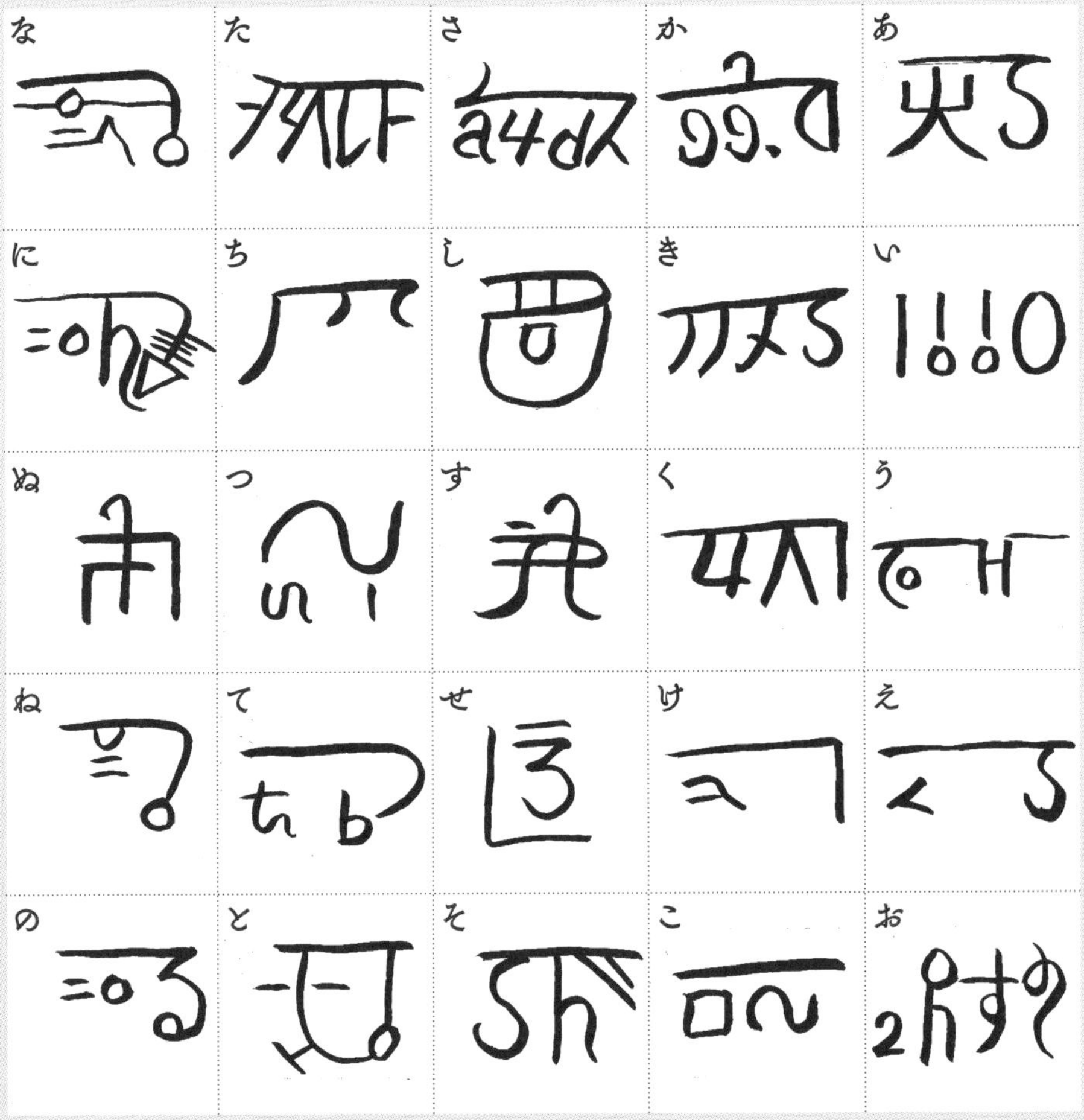

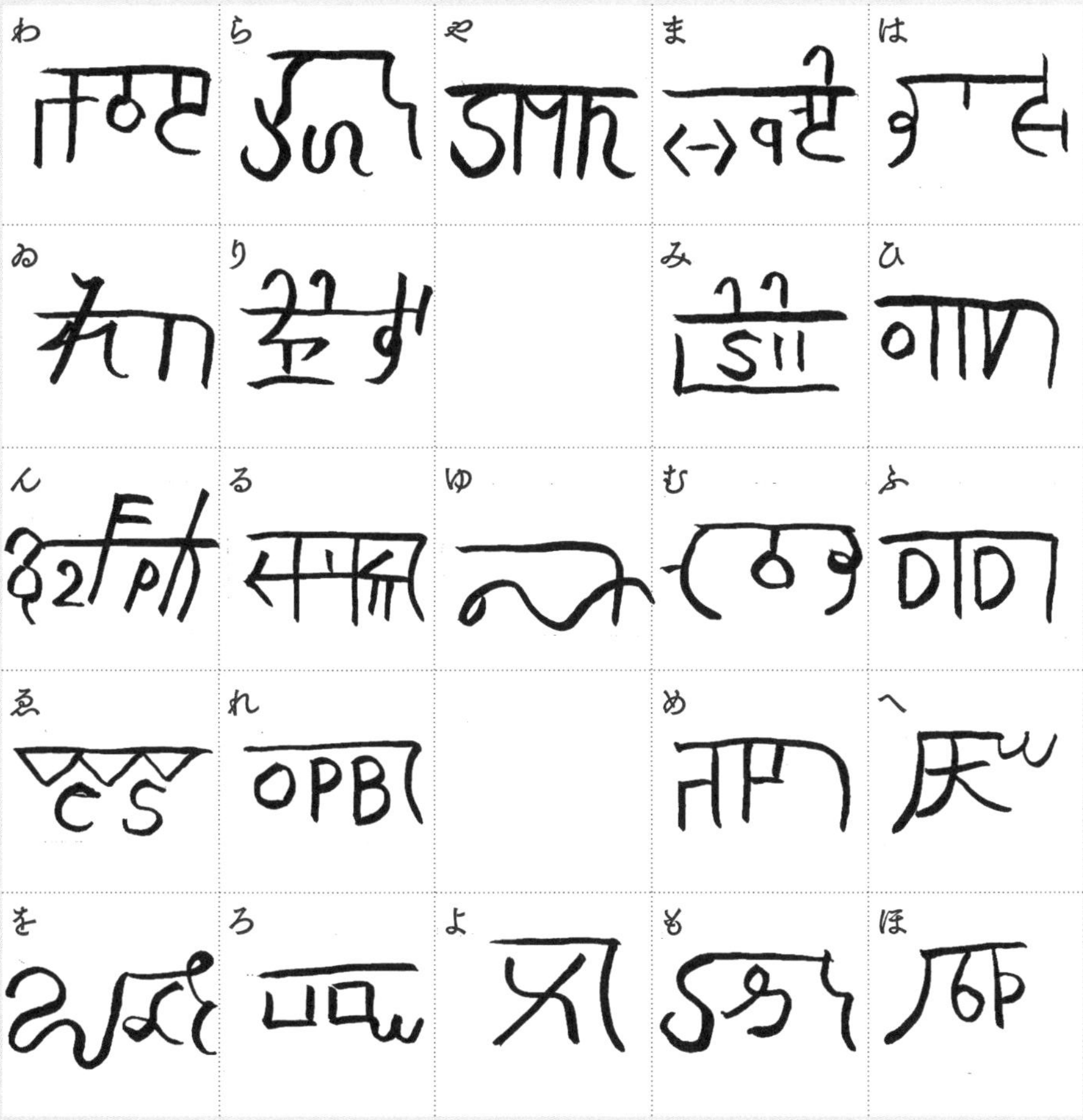
わ　ら　や　ま　は
ゐ　り　み　ひ
ん　る　ゆ　む　ふ
ゑ　れ　め　へ
を　ろ　よ　も　ほ

【と】

自動書記の原文

すべてのはじまりです。
さいしょのめいれい
はどうです。すべてともいえます
はじめになにがあったのでしょう

解釈

すべての始まりです。
最初の命令。
波動《はどう》です。すべてとも言えます。
はじめに何があったのでしょう。

▼「と」が持つ意味

フトマニ図の最初の文字が「と」です。また最強の祓《はら》い言葉である「三種《みくさ》の祓《はらひ》」トホカミヱヒタメのはじまりの文字。「イロハニホヘト」のサークルの最後の中心の文字（出血を止める）。「と」は「すべての始まり」を表しています。

はじめに言葉あり、波動あり、何もない静かなところから、振動がおこり、そこからすべてが始まったのです。

地球の始まり、宇宙の始まりです。愛の始まりです。

▼「と」の音が持つエネルギー

ネガティブ思考から脱したいときに役立つエネルギーを持っています。

運動能力が向上して、代謝が上がり、痩せやすくなります。

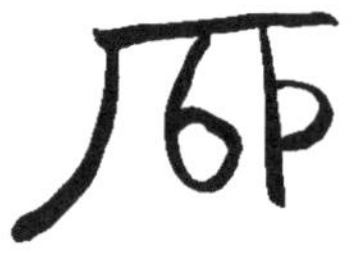

【ほ】

自動書記の原文

きんちょうのなかに、おだやかさがうまれて、
げんそくがはじまり
うずができてきました。
ひだりまわりです

解釈

緊張の中に、おだやかさが生まれて、
原則が始まり、
渦ができてきました。
左回りです。

▼「ほ」が持つ意味

「三種の祓」の2番目の文字。何かが生まれようとするときの拡大のエネルギーを表しています。8つの音があわさって、どれ一つ欠けても最強の浄化、祓い言葉にならないので、とても重要な文字です。

拡大のエネルギーを生み出すのは、左回りです。いままさに、物事が動きだそうとしているエネルギーの高まりをイメージすることができます。

▼「ほ」の音が持つエネルギー

心配・不安などの悩みを改善するエネルギーを持っています。

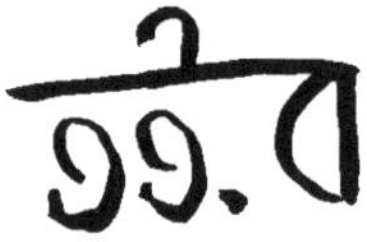

【か】

自動書記の原文

きがけっしてけつとなり
めにみえないせかいから
めにみえるせかいがはじまります。
かみがみだけのせかいから
ひとのいるこのよがうまれてきたのです

解釈

気《き》が結して血《けつ》となり、
目に見えない世界から
目に見える世界が始まります。

神々だけの世界から
人のいるこの世が生まれてきたのです。

▼「か」が持つ意味

「三種の祓」の３番目の文字。拡大したものが収縮してかたまりとなり、ついに物質が誕生したことを表しています。

「か」は、まさに「気が結《けっ》して血になる」見えないエネルギーから物が生まれる。

感動の変化です。

▼「か」の音が持つエネルギー

人に優しくできる。力が漲《みなぎ》る。そんなエネルギーを持っています。

【み】

自動書記の原文

このよがうまれてから、こうぶつができて
みずがうまれてきました。
こんとんとしたどろどろのせかいから
みずとかたまりがわかれてきたのです。
みのことは、みずにつうずるので、きよらかであり、
また、えいきょうをされやすく
かがみのようなそんざいです

解釈

この世が生まれてから、鉱物ができて

水が生まれてきました。
混沌《こんとん》としたドロドロの世界から
水とかたまりが分かれてきたのです。
みのことは、水に通ずるので、清らかであり、
また、影響をされやすく
鏡のような存在です。

▼「み」が持つ意味

「三種の祓」の4番目の文字。「み」は「水」に通じる文字のようです。

清らかで、鏡のようにまわりの物事をそのまま映し出します。波動の影響を受けて変化していく文字です。

セミナーや会合に行くときによい気が集まります。

ズシンと重いものをスーッと軽くしてくれます。

無理をせずに少食になって、理想の体型に近づけます。

物事を綺麗にする作用があり、美容にも効果的。

▼「み」の音が持つエネルギー

セミナーに行く前などに活用すると、よいエネルギーを持っています。

【】

自動書記の原文

かっこいいことばです。
きれいになりたいひとがみにつけるといいです。
びのたんじょうです。
たいようがでてきたときのうつくしさといったらないです

解釈

かっこいい言葉です。

きれいになりたい人が身につけるといいです。

美の誕生です。

太陽が出てきたときの美しさといったらないです。

▼「ゑ」が持つ意味

「三種の祓」５番目の文字。「ゑ」は、美の誕生を表す文字のようです。

かっこよさや美しさをサポートしてくれるエネルギーを秘めているのでしょう。

真善美の３つには、心をひかれますが、美は、とくにひかれるのではないでしょうか。一日の誕生の美しさをたとえているようです。

最後の一文は、おそらく「美」から「太陽が出てきたときの美しさ」を連想した神様が、思わず漏らした言葉ではないでしょうか。

▼「ゑ」の音が持つエネルギー

大きな感情の高まりを抑えるのに役立つエネルギーを持っています。

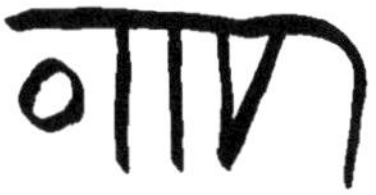

【ひ】

自動書記の原文

さんそができて、びせいぶつができ
かみなりがおちてきて、
ひがもえるようになってきました。
ひとはひをおそれていましたが
しだいにりようできるようになってきました

解釈

酸素ができて、微生物ができ、
雷が落ちてきて、
火が燃えるようになってきました。

人は火を恐れていましたが、
しだいに利用できるようになってきました。

▼「ひ」が持つ意味

「三種の祓」の6番目の文字。「ひ」は、火を意味する文字のようです。

人類は、ヒトとは、火を使う動物と言われているので、人の生活に関係しているようですね。成長や進化のエネルギーを備えた文字ととらえることができます。

▼「ひ」の音が持つエネルギー

否定的な考えや意見、こだわりを手放せます。
こだわりや否定的な考えを手放すエネルギーを持ち、心の解放を手助けしてくれます。

【た】

自動書記の原文

せいぶつが、さいぼうがうまれてきました。
びせいぶつのせかいです。
ひろがっていく、あつまっていく、なかよくなる

解釈

生物が、細胞が生まれてきました。
微生物の世界です。
広がっていく、集まっていく、仲よくなる。

▼「た」が持つ意味

「三種の祓」の7番目の文字。人間以外の、他の生物の誕生を表しています。

命の広がり、ほかの生き物と仲よくすること、共存といった意味が込められているのではないでしょうか。

人はぽつんとこの世にほうり出されたわけではなく、たくさんの生命のつながりの中で生きています。生命は大きくなって、かたまって繁栄していきます。

▼「た」の音が持つエネルギー

慈愛あふれる人になれます。

【め】

自動書記の原文

しょくぶつができてきて
だんせいとじょせいがでてきました。
2つのことなるせいしつのものができてきて
あらたなほうそくとちょうわがうまれてきます

解釈

植物ができてきて、
男性と女性が出てきました。
二つの異なる性質のものができてきて
新たな法則と調和が生まれてきます。

▼「め」が持つ意味

「三種の祓」の８番目の文字。男性と女性の誕生を表す文字です。

異なる性質のものが共存するための、創造と分解の中で、新しい存在が生まれていきます。生命の営みの力強さを感じます。

▼「め」の音が持つエネルギー

ショックなことが起こったときに助けてくれます。

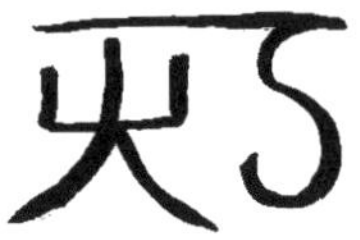

【あ】

自動書記の原文

あいのことば、うちゅうのすべては
あいにみちていることをじかくしてください。
あなたがいきていることは
あいのあらわれであるのです

解釈

愛の言葉。宇宙のすべては
愛に満ちていることを自覚してください。
あなたが生きていることは
愛の表れであるのです。

▼「あ」が持つ意味

「あ」は、愛を表す文字のようです。天のエネルギーを支配して、内なる意識を高めてくれます。永遠の「愛」を意味し、背中を押してくれるパワーが宿っています。

この自動書記のメッセージは、「宇宙の愛に包まれ生きていることを忘れないで」という神様の教えともとれます。

▼「あ」の音が持つエネルギー

すべての人や物事に恐れずに愛を持てるようになるエネルギーを持っています。

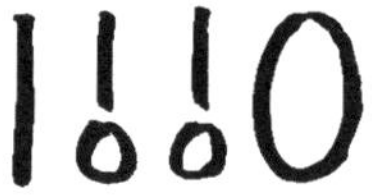

【い】

自動書記の原文

たのしいこと、おもしろいことをするときはいだ。
なんとかわいいじだろう。
このじをかくと
ゆかいになることでしょう

解釈

楽しいこと、おもしろいことをするときは「い」だ。
なんとかわいい字だろう。
この字を書くと
愉快になることでしょう。

▼「い」が持つ意味

「い」は、楽しいこと、愉快なことを表す文字のようです。

「なんとかわいい字だろう」は、神様の感想。笑顔になります。心がワクワクしてきます。

▼「い」の音が持つエネルギー

心を整え、有言実行する人間になれます。また、心を整えて、有言実行する人間になることを促してくれます。

アイディアが湧いてきて、願いを引き寄せるエネルギーを持っています。

【ふ】

自動書記の原文

ふは、こきゅう、せいなるいぶき
かみさまのせいなるいぶきで
じゃあくなものをふきとばし、
じゅんかんをよくして、きよらかにします

解釈

「ふ」は呼吸、聖なる息吹。
神様の聖なる息吹で
邪悪なものを吹き飛ばし、
循環をよくして、清らかにします。

▼「ふ」が持つ意味

呼吸を表す「ふ」という文字は、邪気や悪いものを「ふーっ」と吹き飛ばしてくれます。また、体内の循環を整えて体の内側から清らかにしてくれます。

▼「ふ」の音が持つエネルギー

邪気を祓い、血流増加・冷え性改善のエネルギーを持っています。

【へ】

自動書記の原文

せかいのへいわのために
あらそいのないせかいのために
へをつかってなかなおりしましょう

解釈

世界の平和のために
争いのない世界のために
「へ」を使って仲直りしましょう。

▼「へ」が持つ意味

「へ」が意味するのは、平和です。神様の「みんなは私のために、私はみんなのためになる」「ともに、一緒に、手をつないでいきましょう」という願いが込められています。

▼「へ」の音が持つエネルギー

心の傷を癒やし、メンタル力を上昇させるエネルギーを持っています。
メンタル力が上昇して、嫌いとか苦手という思考から解放されます。

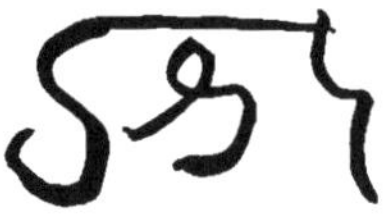

【も】

自動書記の原文

すこしおもしろいことばです。
たのしいことをするときと
くるしいときにもつかうといいです

解釈

少しおもしろい言葉です。
楽しいことをするときと
苦しいときにも使うといいです。

▼「も」が持つ意味

「い」と少し似ていますが、「も」も楽しい気持ちにしてくれる文字のようです。ユーモアがその場を変えて、新しい気分にしてくれます。すると一歩前にすすめるようになります。

▼「も」の音が持つエネルギー

動悸・呼吸の乱れ・震え・めまいの症状に◎

【を】

自動書記の原文

ことばをつなぐときのをは、だいじなことばです。
ひととひとがなかよくなるように
つづけるためにひつようです。
ことばとしてはそうですが、
はどうとしてもジョーカーのように
ふしぎなミラクルなはたらきをします。
ふしぎなせかいにつれていってくれるもじです

解釈

言葉をつなぐときの「を」は、大事な言葉です。

人と人が仲よくなるように
続けるために必要です。
言葉としてはそうですが、
波動としてもジョーカーのように
不思議なミラクルな働きをします。
不思議な世界に連れて行ってくれる文字です。

▼「を」が持つ意味

「を」には、言葉と言葉をつなぐように、人と人をつなぐ役割があるようです。
本来の自分と出会うように、つながります。

▼「を」の音が持つエネルギー

気持ちを落ち着かせ、自然治癒力《しぜんちゆりょく》を高めてくれるエネルギーを持っています。
良い瞑想ができます。

【す】

自動書記の原文

すのじをかくとゆるみます。
やわらかとなります。
ゆるみます。
なごみます

解釈

「す」の字を書くとゆるみます。
やわらかとなります。
ゆるみます。
なごみます。

▼「す」が持つ意味

「す」は、緊張したものをゆるめる文字。なごやかな場をつくりたいときや、緊張をやわらげたいとき、体の中に春風が吹くように、ゆったりしたいときにおすすめです。

▼「す」の音が持つエネルギー

腫れやむくみ、できものなどをやわらげてくれます。

緊張や固まりを和ませて、お金の循環を促すのを助けるエネルギーを持っています。

【し】

自動書記の原文

しははせいじゃくです。
しずかになします。
せいひつです。
あらたなかつどうのまえのじゅんびです

解釈

「し」は静寂です。
静かになします。
静謐《せいひつ》です。
新たな活動の前の準備です。

▼「し」が持つ意味

「し」は、静けさを表す文字のようです。新しいことを始めようとするとき、心を鎮《しず》め、落ち着いて準備を整えるのに役立つ文字といえそうです。

▼「し」の音が持つエネルギー

内臓が弱ってしまったときに効果てきめん。

気持ちが安心できて、弱っている内臓をよくする働きがあります。

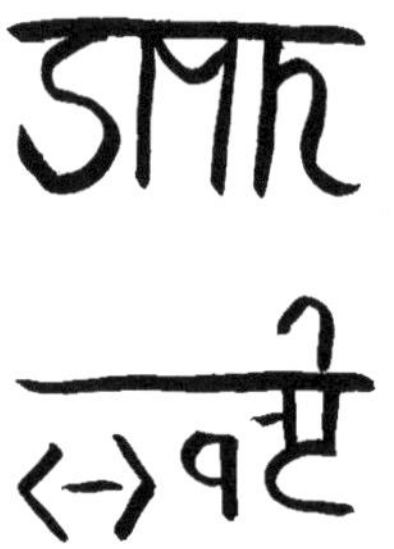

【やま】

自動書記の原文

ひととしていきていくために
ひつようなことをまなぶのにたいせつなことです。
あいのべんきょうです。
だいちのうちゅうのあいを、ひとのあいを
どうぶつのしょくぶつのびせいぶつの、
みずのくうきのあいをまなびかんじましょう

解釈

人として生きていくために
必要なことを学ぶのに大切なことです。

愛の勉強です。
大地の、宇宙の愛を、人の愛を、
動物の、植物の、微生物の、
水の、空気の愛を、学び感じましょう。

▼「やま」が持つ意味

あらゆるものの愛を学び、感じることが、人生です。神様は説いています。

その愛の学びに役立つ文字が、「やま」です。

四苦八苦というくらい、生きることは大変ですが、その中にも神様からのギフトがかくされているのです。また「やま」は、別れのときに使うとよいです。

▼「やま」の音が持つエネルギー

森羅万象の愛を学ぶのに効果的。

自分自身と向き合えて、幸せを引き寄せるエネルギーを持っています。

▼「や」の音が持つエネルギー

自動書記の原文

けだかく　きびしく。
しかし、それは
おおきなあいのあらわれ

解釈

気高く、厳しく。しかし、それは大きな愛の表れ。

「や」の意味

尊厳《そんげん》のあるものにひれ伏して、創造の神を想いましょう。
切り替える、けじめをつけるときに最適です。

▼「ま」の音が持つエネルギー

自動書記の原文

あたたかいこころのエネルギーです。
つつみこむような
まるいはどうです

解釈

温かい心のエネルギーです。包み込むような丸い波動です。

「ま」の意味

邪悪でよこしまなエネルギーを近づかせません。

【はら】

自動書記の原文

おおきなことをおもいだして、
ちいさなことにとらわれないように。
えいえんのいのちのほんのすこしのじかんに
きちょうなたいけんをしているのですから

いっしゅんいっしゅんをたいせつに
できるかぎりのかんかくをつかって
じっかんをあじわってみてください

解釈

大きなことを思い出して、
小さなことにとらわれないように。
永遠の命のほんの少しの時間に
貴重な体験をしているのですから
一瞬一瞬を大切に
できる限りの感覚を使って
実感を味わってみてください。

▼「はら」が持つ意味

等身大の自分で生きられるようにサポートしてくれるのが「はら」です。
第六感の感性を高め、心がクリアになります。

▼「は」の音が持つエネルギー

自動書記の原文

おおきなこころをもって
ちいさなことにこだわらないように、
あかるくすごすためのもじ

解釈

大きな心を持って、小さなことにこだわらないように、明るく過ごすための文字。

「は」の意味

心をオープンにして親睦を深めるのを助けてくれます。

▼「ら」の音が持つエネルギー

自動書記の原文

やさしいひかりのなかで、いまここに、
じぶんがかみのひかりにつつまれていることを
かんじてください

解釈

優しい光の中で、今ここに、自分が神の光に包まれていることを感じてください。

「ら」の意味

過剰な反応を分散してくれるのに役立ちます。

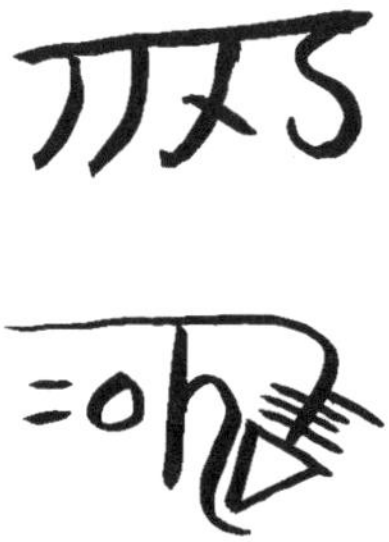

【きに】

自動書記の原文

きにはいちばんやくにたつもじといってもいいですね
からだをもっているときにくつうをやわらげて
エネルギーをあつめてくれます

解釈

「きに」はいちばん役に立つ文字といってもいいですね。

体を持っているときに苦痛をやわらげてエネルギーを集めてくれます。

▼「きに」が持つ意味

心身の苦痛や悩みをスッと和らげてくれ、体の痛みをスーッと和らげてくれる万能文字。

あらゆる物事を改善し、心配事もなくなるよう導いてくれます。

生命力を高め、病気の症状が改善される効果があります。

▼「きに」の音が持つエネルギー

長生きに必要な多くのエネルギーを吸収できます。

心身ともに健康になって、パワーがみなぎります。

健康体になれ、ケガから守ってくれます。

「き」の音が持つエネルギー

自動書記の原文

ちゅうごくでは、めにみえないせいめいりょくでした。
ひとのからだのなかにはいって
いのちとなり、いしきとなり、せいれいとなるものです

解釈

中国では目に見えない生命力でした。
人の体の中に入って
命となり、意識となり、精霊となるものです。

「き」の意味

宇宙からのパワーを受けた高い癒やし効果があります。

「に」の音が持つエネルギー

自動書記の原文

たいせつなものをまもり、はぐくむことです。
ははのぬくもりです

解釈

大切なものを護《まも》り、育《はぐく》むことです。
母のぬくもりです。

「に」の意味

アイディアをうまくまとめてくれます。また、アイディアや感性を研ぎ澄まし、伸ばしてくれるサポートをしてくれます。

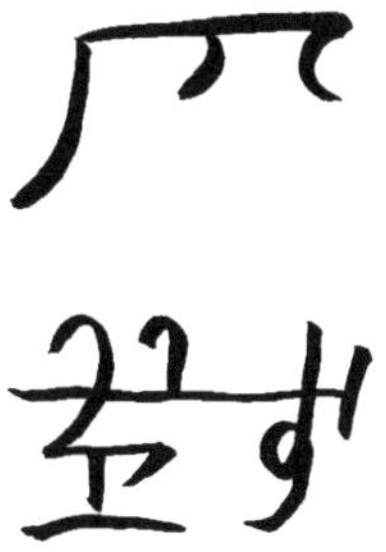

【ちり】

自動書記の原文

ちりはこまかなものにもちゅういをむけて
そのひとつひとつがぐうぜんではないのです。

こころをあわせていくことで、
おおきなせかいがひろがっていきます

解釈

「ちり」は細かなものにも注意を向けて。
その一つひとつが偶然ではないのです。
心を合わせていくことで
大きな世界が広がっていきます。

▼「ちり」が持つ意味

この世の生き物と心が通い、視野を広く保つのに役立ちます。
また、人との距離を深め、愛を育むサポートをしてくれる文字です。

▼「ち」の音が持つエネルギー

自動書記の原文

このよのじっかんをとてもかんじる
エネルギーをもっています

解釈

この世の実感をとても感じるエネルギーを持っています。

「ち」の意味

重いものを不自由なく持ち上げられるエネルギーを持っています。

▼「り」の音が持つエネルギー

自動書記の原文

じぶんのほんらいのかがやきが
あらわになるたすけをします

解釈

自分本来の輝きがあらわになる助けをします。

「り」の意味

他人からの決めつけを押し返すことができます。

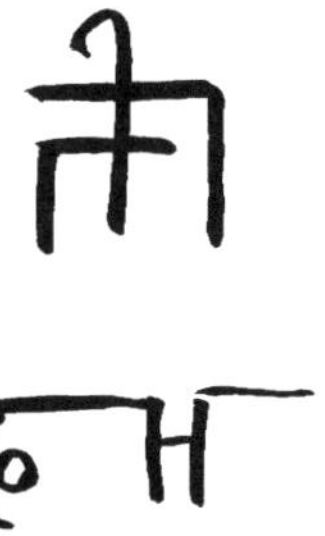

【ぬう】

自動書記の原文

うみのはたらきをかっぱつにして、
さかなをそだてるようにします。

解釈

海の働きを活発にして、
魚を育てるようにします。

▼「ぬう」が持つ意味

魚がよく育ち、人間にも恵みをもたらしてくれます。

▼「ぬ」の音が持つエネルギー

自動書記の原文

かゆみをおさえて、
けつりゅうをせいじょうにもどす
はたらきがあります。

解釈

かゆみを抑えて、血流を正常に戻す働きがあります。蚊に刺されたとき、アトピー性皮膚炎などでかゆいときにもよいです。魔法のかゆみどめです。

ウイルスやかゆみを鎮静化させる役割があります。

また、アトピー性皮膚炎、原因不明の湿疹やかゆみを和らげてくれます。

蚊に刺された後にマジックで書くと、たちどころにかゆみがとまります。

「ぬ」の意味

血流を正常に戻す働きがあるので、免疫力アップに◎

▼「う」の音が持つエネルギー

自動書記の原文

けつりゅうをかいぜんして、えんしょうやさいせいのうりょくをたかめます

解釈

血流を改善して、炎症や再生能力を高めます。

「う」の意味

血行を生み出し、低血圧や高熱のケアにも◎

【むく】

自動書記の原文

むくはとてもちからづよいです。
ものごとがどんどんすすんでいきます。
もののながれは、
けつえきのようにひろくふきゅうします

解釈

「むく」はとても力強いです。
物事がどんどん進んでいきます。
物の流れは、
血液のように広く普及します。

▼「むく」が持つ意味

物事をさらに大きく広げ、円滑に進展させるエネルギーを持っています。
また、物事を循環させる作用があり、記憶力を上げて物忘れを防いでくれます。
流れをよくするエネルギーがあり、願望を叶えるのに効果的です。

「む」の音が持つエネルギー

自動書記の原文

おおきなちからでものをうごかすことができます。
めにみえないエネルギーです

解釈

大きな力で物を動かすことができます。
目に見えないエネルギーです。

「む」の意味

回復力を向上させるエネルギーがあるので、全身疲労に効果的です。

「く」の音が持つエネルギー

自動書記の原文

ひとのよならばおかね。
からだならばけつえき、
こころのなかのかんしゃのきもち、
ありがとうのこころがあらわれています

解釈

人の世ならばお金。
体ならば血液。
心の中の感謝の気持ち、ありがとうの心が表れています。

「く」の意味

貧困でピンチのときにサポートしてくれるエネルギーを持っています。
お金を増やしてくれる効果を期待できる心強い文字。
多くの恵をもたらすので、金運アップも期待できます。
金運をあげてくれ、借金の悩みも解決に導いてくれます。
また、欲しいものなどを引き寄せてくれるパワーがあります。

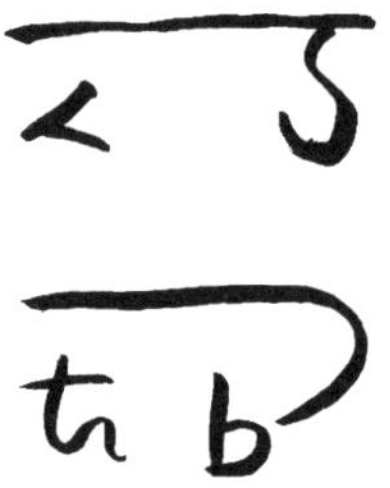

【えて】

自動書記の原文

えがたいともに、あえるようになります。
こころとこころがつながっていくともだちです

解釈

得がたい友に、会えるようになります。
心と心がつながっていく友達です。

▼「えて」が持つ意味

心が通う真の友情が長く築けるように、あと押ししてくれる文字です。
夢を実現するサポートをしてくれる力を備えています。

断ち切りたいことや変えたいこともサポートしてくれます。

願いを可能にし、重大な試験前などに使うと吉。また、ダイエットが成功するようにサポートしてくれるエネルギーを持っています。

自分の夢を応援してくれるエネルギーが備わっているので、物事に集中できて継続する効果も持つ、あらゆる願望を叶えるための手助けをしてくれます。

▼「え」の音が持つエネルギー

自動書記の原文

たましいのなかにたまっている
とらわれをきれいにしてくれるもじです

解釈

魂《たましい》の中に溜まっている、囚《とら》われをきれいにしてくれる文字です。

よく活用して、新しくクリーニングした姿になりましょう。

「え」の意味

因果によってできた感情の揺れを、鎮静させるエネルギーを持っています。

▼「て」の音が持つエネルギー

自動書記の原文

たくましく、つよく、あかるく
すすむためのエネルギーです

解釈

逞《たくま》しく、強く、明るく進むためのエネルギーです。
自分を鼓舞《こぶ》して、陽気に暮らしましょう。

「て」の意味

ハッピーで心地よくなりたいときに最適の文字です。

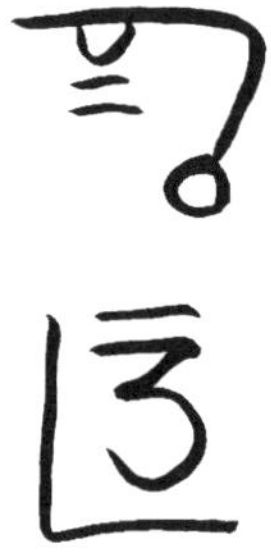

【ねせ】

自動書記の原文

せかいをひとつにするように。
もともとひとつのものがわかれたのですから、
ひとつになれるはずです。
せかいをひとつになるようなことばをはっしてください

解釈

世界を一つにするように。
もともと一つのものが分かれたのですから、
一つになれるはずです。
世界を（が）一つになるような言葉を発してください。

▼「ねせ」が持つ意味

才能を引き出し、伸ばしてくれる文字。
自律神経を整えて、規則正しい生活ができるあと押しをしてくれます。
また悩み事を改善して、才能を引き出してくれます。
天気をよくする効果もあり、台風のときに衛星写真をとりこんで台風の雲の上に

「ねせ」を書くと、影響を受けずらくなります。

▼「ね」の音が持つエネルギー

自動書記の原文

おもいこみや、こころのからをやぶって
あたらしいせかいにはばたくのをたすけます

解釈

思い込みや心の殻《から》を破って、新しい世界に羽ばたくのを助けます。
心の壁をぶち破って思い込みから解放し、羽ばたきます。

「ね」の意味

自閉症スペクトラムの人などの問題解決をサポートするのに効果的なエネルギーを持っています。

▼「せ」の音が持つエネルギー

自動書記の原文

よのなかのながれをかえていく

ちからをだしてくれます

解釈

世の中の流れを変えていく力を出してくれます。

「せ」の意味

心のブロックを外し、思い込みから解放されたいときに活用するとよい言葉です。

【こけ】

自動書記の原文

こけはやまのきぎのやしないになります。
こくどにみずをたくわえて
どんぐりをたくさんそだてます

解釈

「こけ」は山の木々の養いになります。
国土に水を蓄えて
ドングリをたくさん育てます。

▼「こけ」が持つ意味

自然を豊かにして四季に実りをもたらすエネルギーのある文字です。植物がよく育つので、畑の四隅に「こけ」を書いた石を置くと、収穫アップが期待できます。

▼「こ」の音が持つエネルギー

自動書記の原文

ひとりぼっちになってもさみしくならないで、
ようきにたくましく
ゆうきをもっていきられるようになることばです

解釈

一人ぼっちになっても寂しくならないで、陽気にたくましく、勇気を持って生きられるようになる言葉です。

「こ」の意味

自分の素直な気持ちを伝えたいときに役立ちます。

▼「け」の音が持つエネルギー

自動書記の原文

おもいものやうごかないもの、やくにたたないものをうごかしていくためのもじです。

自動書記の解釈

重いものや、動かないもの、役に立たないものを動かしていくための文字です。

「け」の意味

コントロールできない感情をリセットするエネルギーを持っています。

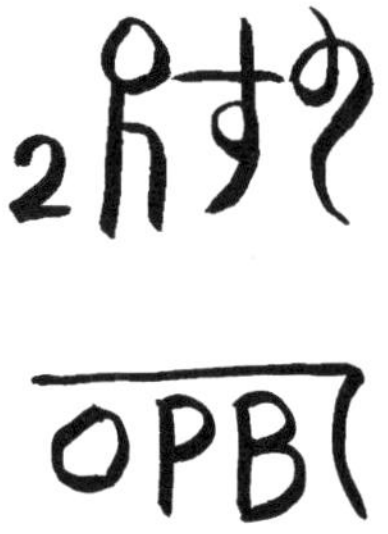

【おれ】

自動書記の原文

おれは、すべてのはじまりのちからづよいさけびです。
うずまきのはじまりのちからですから、
わたしたちのあいのしょうめいとしてかたまり、
ひろがっていくのです

解釈

「おれ」はすべての始まりの力強い叫びです。
渦巻きの始まりの力ですから、
私たちの愛の証明としてかたまり、
広がっていくのです。

▼「おれ」が持つ意味

物事を始めるときに、勢いよく踏み出せるエネルギーを持っています。
子孫繁栄に効果があり、家庭を円満にしてくれ、旅の守護もしてくれます。
新しいことなどをスムーズに始められるよう促してくれます。

▼「お」の音が持つエネルギー

自動書記の原文

かたいものをよりかたくする。
きたえることばです

解釈

硬《かた》いものをより硬くする。
鍛《きた》える言葉です。

「お」の意味

骨の痛みがスーッと和らいでいく効果があります。

▼「れ」の音が持つエネルギー

自動書記の原文

とてもこまかいせんさいなところを
ちゅういぶかくしゅうちゅうしてととのえる
エネルギーがあります

解釈

とても細かい繊細なところを、
注意深く集中して整えるエネルギーがあります。
また、目に見えないところの形を整える働きがあります。

「れ」の意味

腎臓《じんぞう》や三半規管《さんはんきかん》の不調を改善してくれるエネルギーを持っています。
強いエネルギーにあふれている文字です。

【よろ】

自動書記の原文

よろはおおくのぶんめいが
かみのよをつくろうとしてほろびていきました。
ふたたびたましいのしんかのためにうごきはじめています。
たましいのりんじんがそろっておなじときをいきるように
きゅうせいのソウルメイトのいちだんが
いまここにいるのです

解釈

「よろ」は多くの文明が
神の世をつくろうとして滅《ほろ》びていきました。

再び魂《たましい》の進化のために動き始めています。
魂の隣人がそろって同じときを生きるように
救世のソウルメイトの一団が
いまここにいるのです。

▼「よろ」が持つ意味

魂が反応して唯一無二のソウルメイトや運命の人を引き寄せるエネルギーを持っています。幸運が舞い込むあと押しをしてくれる文字です。

▼「よ」の音が持つエネルギー

自動書記の原文

おなじはどうをもってちかくにいる、
おたがいにげんきになるともだちとあう。
そんなひきよせのエネルギーをもっています。

解釈

同じ波動を持って近くにいる、

お互いに元気になる友だちと会う。
そんな引き寄せのエネルギーを持っています。

「よ」の意味

「を」と同様に、自然治癒力をアップさせるエネルギーを持っています。

▼「ろ」の音が持つエネルギー

自動書記の原文

せいれいのはたらきをつよめ、
ひかりにつながって、
おおいなるみなもとをおもいだす

解釈

精霊《せいれい》の働きを強め、
光につながって、
大いなる源を思い出す。

「ろ」の意味

漠然とした不安や悩み、気になる過去をサポートしてくれる言葉です。

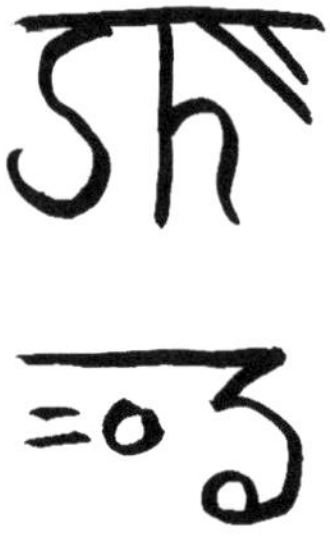

【その】

自動書記の原文

そもそもは、かみさまからきているのですから、
こんげんにかえって
すべてのいのちのつながりを
ふかめてつよめるように

解釈

そもそもは、神様からきているのですから、
根源に返って
すべての命のつながりを
深めて強めるように。

▼「その」が持つ意味

すべての生命とひとつにつながれるエネルギーを持っています。

自信が持てるようになり、自分の使命と向き合えて、果たせるようにサポートしてくれます。分解するエネルギーを持っています。

▼「そ」の音が持つエネルギー

自動書記の原文

さいしょうのもの、ちいさなもの、たんじゅんなものです。
それがあつまってすべてになります。
じぶんというしきがうまれて、
そこからながくつづいています

解釈

最小のもの、小さなもの、単純なものです。
それが集まってすべてになります。
自分という意識が生まれて、そこから長く続いています。

誰も自分を育ててはくれないので、自分で成長するしかありません。
勇気を持って進んでください。

「そ」の意味

コンペや試合の前、また、怒られる前などに役立ちます。

▼「の」の音が持つエネルギー

自動書記の原文

なにもこわがることはありません。
すべてのものはあなたのために、
わたしのためにあるのです

解釈

何も怖がることはありません。
すべてのものはあなたのために、私のためにあるのです。
粛々《しゅくしゅく》とすべてを受け入れて、淡々と今すべきことをすればいいのです。

「の」の意味

パニック障害など、心身がアンバランスの状態に◎

【ゆん】

自動書記の原文

にほんごのかみさまが
じょうずにつたえられるように
ことばをはっせいしたり
もじをかいたり、こころがつうじるように

解釈

日本語の神様が
上手に伝えられるように
言葉を発声したり
文字を書いたり、心が通じるように。

▼「ゆん」が持つ意味

人と人の意思疎通をサポートをしてくれるので、コミュニケーションを円滑に進めてくれる文字です。

離婚や破局などの愛の終わりも、円滑に意思疎通が図れるようになるでしょう。

睡眠の質が上がり、熟睡できるようになり、翌朝快適に目覚めることができます。

▼「ゆ」の音が持つエネルギー

自動書記の原文

おもいきったことをする。
じぶんをかえる。
あたらしいしゅっぱつのじゅんび

解釈

思い切ったことをする。
自分を変える。
新しい出発の準備。

「ゆ」の意味

絶対に許せないことを許すことができるエネルギーがあります。

▼「ん」の音が持つエネルギー

自動書記の原文

はじまりでおわり。くぅ。ぜろ。
しずかな。うごかない。
かんぜんにゆるむ

解釈

始まりで終わり。空《くう》。ゼロ。
静かな。動かない。
完全に緩む。

「ん」の意味

睡眠の質が高まり、熟睡できるようになるエネルギーを持っています。

【つる】

自動書記の原文

つるはひとをあつめることがとくいです。
おおくのひとがたのしそうだとあつまってきます

解釈

「つる」は人を集めることが得意です。
多くの人が楽しそうだと集まってきます。

▼「つる」が持つ意味

人や物事をたくさん集め、活性化させる文字です。
人と会うことへの恐れを取り除き、多くの人から好かれるようになる文字です。

「人を集める」ので、運命の人に出会えるチャンスを作ってくれるでしょう。
ネガティブ思考を解放させ、物事のスタートにも最適です。

▼「つ」の音が持つエネルギー

自動書記の原文

なにかわくわくするたいけんがあることを
おしらせするエネルギーがあります

解釈

何かワクワクする体験があることを
お知らせするエネルギーがあります。
面白い波動を発しています。

「つ」の意味

虚弱体質を改善して、心身ともに健康になるエネルギーを持っています。

「る」の音が持つエネルギー

自動書記の原文

きそくただしくはたらくエネルギーがあります。
きよらかでけがれのない、
はやくいきおいのあるエネルギーです

解釈

規則正しく働くエネルギーがあります。
清らかで穢《けが》れのない、早く勢いのあるエネルギーです。

「る」の意味

血流を改善させ、手足のしびれなどにも効果的なエネルギーを持っています。

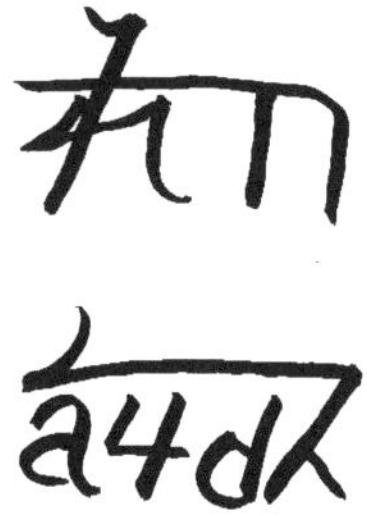

【ゐさ】

自動書記の原文

ゐさはわすれられたことばですが
もじとしてもはつおんとしても
たまにはいしきしてはつおんしたりかいたりしてください。
わたしたちはことばをしるまえは
じゆうにほかのせいぶつや
みずややま、くも、かみと
はなしができていたのです

解釈

「ゐさ」は忘れられた言葉ですが
文字としても発音としても
たまには意識して発音したり、書いたりしてください。
私たちは言葉を知る前は
自由にほかの生物や
水や山、雲、神と話ができていたのです。

▼「ゐさ」が持つ意味

あらゆる自然と調和でき、心が豊かになる文字。

愛を深めるための「家」を手に入れられるように神様が手助けしてくれるでしょう。物事や相手の考えが理解できるようになり、語学力や記憶力をアップする手助けをしてくれます。

「ゐさ」は失くしものがみつかる文字。鍵やチケットなど大事なものや高価なものがなくなったときに「ゐさ」を書くと、すぐ見つかるでしょう。

▼「ゐ」の音が持つエネルギー

自動書記の原文

わすれられたきおくをおもいだして、
いしきしていないできごとをおもいだす

自動書記の解釈

忘れられた記憶を思い出して、意識していない出来事を思い出す。

「ゐ」の意味

宇宙のエネルギーをとり入れることができる音です。

▼「さ」の音が持つエネルギー

自動書記の原文

あいはえいえんでむげんです。
そしてじゅんすいそのものです。
そのことをわすれないでください

解釈

愛は永遠で無限です。そして純粋そのものです。
そのことを忘れないでください。
信じることで、何も怖くなくなります。

「さ」の意味

愛の終わりや、生の終わりの恐怖を打ち消してくれるエネルギーを持っています。

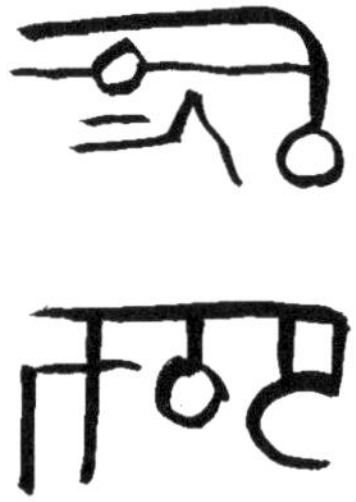

【なわ】

自動書記の原文

とおいむかしのかみさまや
ごせんぞさまのちからをいただいて
いまのじぶんがあることをおもいだして
つながることです

解釈

遠い昔の神様や
ご先祖様の力をいただいて
いまのじぶんがあることを思い出して、
つながることです。

▼「なわ」が持つ意味

神様や先祖とつながることができるエネルギーを持っています。
また、自閉スペクトラム症の方のパニックがおさまるように促してくれます。

▼「な」の音が持つエネルギー

自動書記の原文

ひとのなかでこりつして
どこにいけばいいのか
わからなくなったとき、
ひかりのとんねるをみつけるように、
すくいのみちがひらけるようなもじです

解釈

人の中で孤立して、どこに行けばいいのかわからなくなったとき、光のトンネルを見つけるように、救いの道が開けるような文字です。

「な」の意味

「この世は地獄だ」というネガティブな思考を転換してくれるエネルギーを持って

います。

▼「わ」の音が持つエネルギー

自動書記の原文

ひととひととのかんけいがこのよのもろもろ、しあわせ、ふこうにかんけいしています。ひととひととのなかをとりもち、なにかわからないあいしょうのわるさもかいけつしていくように、おだやかなきもちになれるもじです

解釈

人と人との関係がこの世の諸々、幸せ、不幸に関係しています。人と人との仲を取り持ち、何かわからない相性の悪さも解決していくように、おだやかな気持ちになる文字です。

「わ」の意味

調和を図れるように手助けしてくれる文字です。

第4章
龍体文字のフトマニ図

宇宙のすべてを表している強いパワーを秘めたフトマニ図

フトマニ図は日本語の48文字を龍体文字で書いて一覧にしたものです。

円形に配置された1文字1文字を神に見立て、48の神々が鎮座している様子を表しているとも言われています。中心に描かれているのは、左回りと右回りの渦です。

これはイザナギ（男神）の拡大のエネルギーと、イザナミ（女神）の収縮のエネルギーによってこの世が誕生した「国産みの物語」を表現しています。

次の円には、神道で最高の祓い言葉とされている「三種の祓」という祝詞の一部「とほかみゑひため」の文字が書かれています。

その次の円には、五穀豊穣を願う「あわの歌」の頭文字「あいふへもをすし」が書かれています。

さらにその次の円には、2文字ずつ区切られた32文字が配置されており、フトマニ図の中には宇宙の森羅万象が表されていると言われています。

強力なパワーを秘めていることがおわかりいただけるでしょう。

る
に
り
き
ち
つ
ん
け
す
こ
い
せ
ね
ゆ
へ
と
ひ
み
ろ
え
た
も
お
か
れ
あ
は
ら
し
ゐ
さ
め
や
ほ
る
な
ま
ふ
わ
を
そ
ぬ
の
う
よ
む
ろ
く

龍体文字のフトマニ図と神様の座標

フトマニ図の一つ一つには神が鎮座していると言われています。日本のたくさんの神様に、どこにおられたいか、聞いてみました。

天之御中主神（あめのみなかぬしのかみ）宇宙の中心、創造の神根源の神…**す**

高御産巣日神（たかみむすひのかみ）物を産み出して生成する神…**い**

天之常立神（あめのとこたちのかみ）天地の始まりにおいて出現した別天神の第五の神で、独身となって身を隠した。混沌の中から現れた…**ほ**

国之常立神（くにのとこたちのかみ）大地の中から葦のように現れた…**た**

伊耶那岐神（いざなぎのかみ）伊耶那美神とともに国生みを行い、天照大神をはじめ35の神を産んだ父神…**ちり**

伊耶那美神（いざなみのかみ）伊耶那岐神とともに下り、日本を生み、数多くの神々を産んだ女神…**み**

大屋毘古神（おおやびこのかみ）木の神様…**ゑ**

速秋津日子神、速秋津比売神（はやあきつひこのかみ、はやあきつひめのかみ）河口の神、禊《みそぎ》の神…め

菊理媛神（くくりひめのかみ）伊耶那岐神と伊耶那美神を黄泉比良坂《よもつひらさか》でとりなした。対立をおさめる仲介者、この世とあの世をつなぐ…み

志那津比古神（しなつひこのかみ）風の神…た

大山津見神（おおやまつみのかみ）野の女神、鹿屋野比売神《かやのひめのかみ》の夫。木花之佐久夜毘売《このはなのさくやひめ》の父。山の神…やま

大山咋神（おおやまくいのかみ）丹塗矢《にぬりや》（赤く塗った矢）に化身する…その

鹿屋野比売神（かやのひめのかみ）緑の草花や木の生命エネルギー…へ

鳥之石楠船神（とりのいわくすふねのかみ）神様を運ぶ時空を渡る船。建《たけ》御雷之《みかづちの》男神《おのかみ》を高天原から人間界に運んだ…と

塩椎神（しおつちのかみ）製塩の神。潮流と航海の神…ふ

火之迦具土神（ひのかぐつちのかみ）伊耶那美神から生まれた。火の神…ゆん

金山毘古神（かなやまびこのかみ）鉄と鉱物とその加工を司る神…ぬう

豊宇気毘売神（とようけびめのかみ）天照大神の食事を司る神…むく

泣沢女神（なきさわめのかみ）伊耶那美神を悼んで、伊耶那岐神の涙から産まれた。出産や赤ちゃんを守り長寿をもたらす…ゐさ

建御雷之男神（たけみかづちのおのかみ）邪魔をするものを祓い、勝利に導く…**はら**

闇淤加美神、高淤加美神（くらおかみのかみ、たかおかみのかみ）山と谷を流れる水を司る神…**た**

意富加牟豆美命（おおかむずみのみこと）桃の神霊…**なわ**

道反之大神（ちがえしのおおかみ）黄泉と現生の間にいる過去からの災いを防ぐ岩の神…**ちり**

経津主神（ふつぬしのかみ）石上神宮《いそのかみ》の七支刀《しちしとう》という霊剣のエネルギー…**よろ**

神直毘神、大直毘神（かむなおびのかみ、おおなおびのかみ）災いを祓う…**よろ**

天照大神（あまてらすおおみかみ）伊耶那岐神の左眼から生まれた。太陽の化身。日本神道の最高神…**つる**

月読命（つくよみのみこと）月の神。不老不死や若返り…**め**

建速須佐之男命（たけはやすさのおのみこと）天照大神の弟。伊耶那岐神が顔を洗って鼻から産まれた…**その**

宗像三女神（むなかたのさんじょしん）スサノオと天照大神が誓約《うけい》の際産まれたスサノオの子。海の神、航海の神、外交の神…**おれ**

玉依毘売命（たまよりひめのみこと）海の神の娘。浄化する水のエネルギー。新しい命を産み出す…**むく**

思金神（おもいかねのかみ）天照大神が岩戸に隠れたとき、女神を岩戸から出すための計画を

立てた。神々の知恵袋。叡智の象徴…**を**

伊斯許理度売命（いしこりどめのみこと）三種の神器の鑑を作った…**や　ま**

玉祖命（たまのやのみこと）天岩戸の前で美しい勾玉《まがたま》を作った。勾玉は神のおりる依代《よりしろ》…**ゑ**

天児屋命（あめのこやねのみこと）神前で唱える祝詞を司る…**し**

布刀玉命（ふとだまのみこと）天照大神をどのように岩戸から出すか占った。占いと祭祀を司る神…**よろ**

天手力男神（あめのたぢからおのかみ）天岩戸を強引に開いた。腕力、筋力を司る…**ひ**

天宇受売命（あめのうずめのみこと）天岩戸の前で踊り、神々を喜ばせた…**み**

宇迦之御霊神（うかのみたまのかみ）稲を司る神。お稲荷さんとして知られる。食物と商売の神…**す**

大国主神（おおくにぬしのかみ）国津神の総元締め。少彦名神《すくなひこなのかみ》と国作りをした…**よろ**

事代主神（ことしろぬしのかみ）大国主神の子で、託宣《たくせん》を司る…**す**

少彦名神（すくなひこなのかみ）大国主神と共に国づくりをした。一寸法師のような小柄。医療とお薬の神…**はら**

八雷神（やくさのいかづちのかみ）黄泉国《よみのくに》で腐敗した伊耶那美神の体に成っていた八種の雷神。雷の神…**きに**

建御名方神（たけみなかたのかみ）大国主神の子。国譲りのとき、最後まで反対して戦った。勇壮な軍神…**も**

猿田毘古神（さるたびこのかみ）天から下った瓊瓊杵尊を道案内して高千穂に導いた。天狗の原型…**と**

瓊瓊杵尊（ににぎのみこと）天照大神の孫で、高天原から地上におりた。農耕を司る…**あ**

木花之佐久夜毘売（このはなのさくやひめ）非常に美しい女神。瓊瓊杵尊と結ばれる。安産。火難消除…**ゑ**

石長比売（いわながひめ）木花之佐久夜毘売の姉、延命長寿…**はら**

瀬織津姫（せおりつひめ）あらゆる罪汚れを祓い、川や海に流す女神…**と**

八上姫（やがみひめ）大国主神の最初の妻…**か**

須世理毘売（すせりひめ）スサノオの娘で大国主神の妻…**を**

建磐龍命（たけいわたつのみこと）火山を制し恵みを与える…**えて**

綿津見三神（わたつみのさんしん）海の神、伊耶那岐神が禊をしたときに生まれた…**ねせ**

神武天皇（じんむてんのう）大和を平定した日本国の創始者・初代天皇…**こけ**

賀茂別雷神（かもわけいかづちのかみ）若いエネルギーを蓄えた雷の神と伝えられる。「別《わけ》」を雷を裂くとする解釈もあり、結果、雷は五穀豊穣をもたらすため総じて農業神…**こけ**

第5章

願いをかなえる龍体文字

願いをかなえる龍体文字

きに 龍体文字で一番使うのは「きに」です。私の本職は鍼灸師なので、毎日たくさんの痛みがある人が来られます。膝の痛い人に、肩や腰の痛い人に、お腹の痛い人に「きに」を書いてみると、とてもよくなっていくことがわかりました。

体の痛いところ、不調のあるところに、皮膚の上に直接マジックで書くと、痛みがたちどころに止まります。

じかに書けないところには、湿布やキネシオテープの上に「きに」を書いて、それを患部に貼るといいです。

肩や膝、腰が痛いのにもよいです。

ヘルペスの後の神経痛にもいいです。

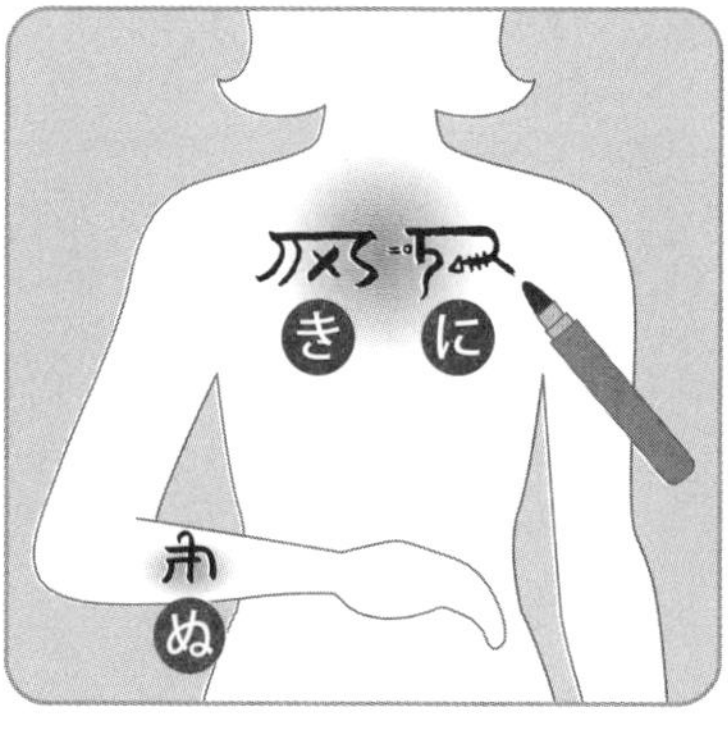

また、体調が悪かったり、病気になった猫の肉球に極細サインペンで「きに」を書くと、猫が元気になります。

ぬ

蚊に刺されたところに「ぬ」を書くと、あっという間にかゆみが止まります。

アトピー性皮膚炎の方が、着古したＴシャツに「ぬ」をたくさん書いたところ、かゆみが楽になってよく眠れたと、教えてくださいました。

むく

物事を広めたいときに、よく使うのは「むく」です。催し物などのチラシに「むく」を書くと、効果的です。

製品や商品に「むく」「つる」を印刷すると、商品が売れます。

つる　人が集まってほしいときに使うのが「つる」です。

催し物などのチラシに「つる」を書くと、人がたくさん集まります。

私の龍体文字の本の表紙に大きく「つる」と「むく」を書いていますが、想像以上によく売れて増刷を繰り返しています。

く　金運アップには「く」がいいです。

お財布の中に「く」を書いた紙を入れるといいです。

ねせ　天気に関することは「ねせ」です。

台風のときに被害が大きくならないようにとか、豪雨のときに雨がやんでほしいときによいです。

台風の場合は、気象衛星の雲の画像を取り込んで、その上に「ねせ」を書くとよいで

す。

ゐさ　探し物が見つかります。なくなったものを探すときに、手のひらに書いて探すと見つかりやすいです。

ある方は鍵がなくなったときに、手のひらに「ゐさ」を書いたら、すぐに見つかりました。

また、いなくなった犬の犬小屋に「ゐさ」を書いて貼っておいたら、犬が戻って来たという報告を受けました。

こけ　石の上に「こけ」を書いて、畑の四隅に置いておくと収穫量が増えます。

ある方が畑の四隅に「こけ」を書いた石を置いたら、イチゴの収穫が2倍になったと

報告くださいました。

を

よい瞑想をしたいときに「を」がいいです。手のひらに書いてから、瞑想しましょう。

「を」を書いたら、今まではうまくできなかった瞑想がうまくいったという報告を受けました。

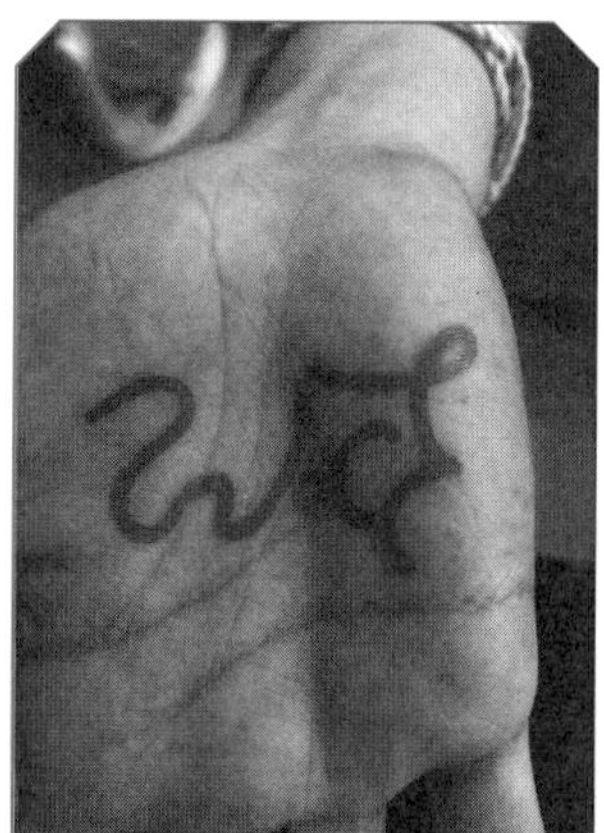
手のひらに龍体文字「を」。瞑想によい

えて

夢をかなえるのには「えて」がいいです。希望の学校に合格したい、ダイエットに成功したい、禁煙したいなど、自分に関することです。

受験票に「えて」を書いて、合格の知らせを受けた方がいます。

ちなみに、他の人を変えるようなことは、その人の人生に関わるのでできません。

ふ

偶然出会った古神道の修行をしている方から、龍体文字の「ふ」は邪気を取るということを教えていただきました。

患者さんが病院にお見舞いに行って、肩や腰が痛くなって、疲れがなかなか取れないときに「ふ」を書いてあげたら、たちどころによくなりました。

病院には病気の人と死んだ人が集まっているので、禍々《まがまが》しきものがついてきたのかもしれません。

自分の名前

手帳に自分の名前を龍体文字で書いておくと、この世で一つの自分だけのお守りになります。

こんな使い方もおすすめです！

1. 帽子に「フトマニ図」や「きに」を書いたり刺繍する。インスピレーションが浮かびやすくなります。
2. アイマスクに「きに」を書くと、目の疲れが取れます。目やにが大量に出てデトックスにも◎。
3. 龍体文字をTシャツにプリントする。龍体文字のフトマニ図をエプロンにプリントする。
4. 龍体文字をセーターの模様にする。
5. 龍体文字をペンダントにする。お守りになります。

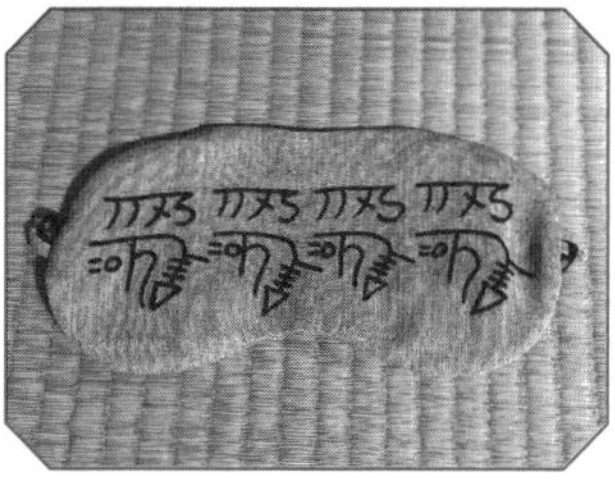

アイマスクに「きに」

ペットのウサギ、
ミッフィーちゃんに龍体文字

龍体文字を
セーターの模様に

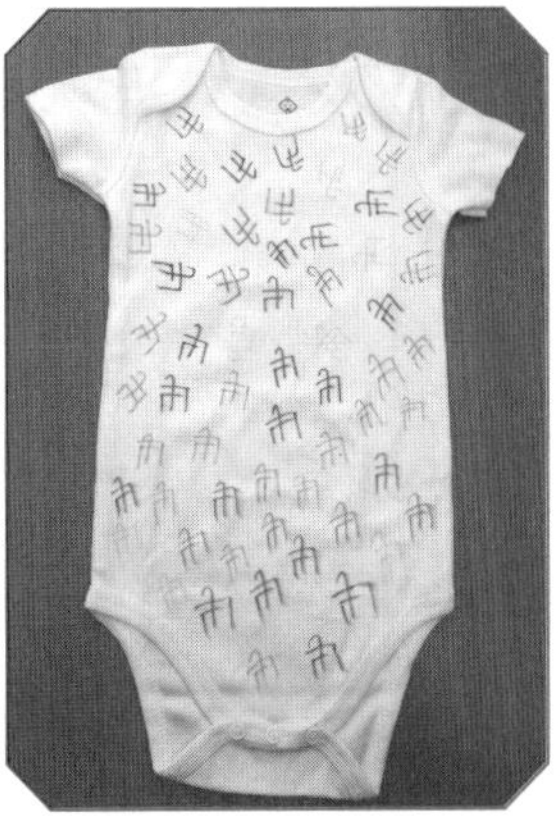

赤ちゃんのベビー服に
かゆみが止まる「ぬ」を

龍体文字をペンダントに。
お守りになります

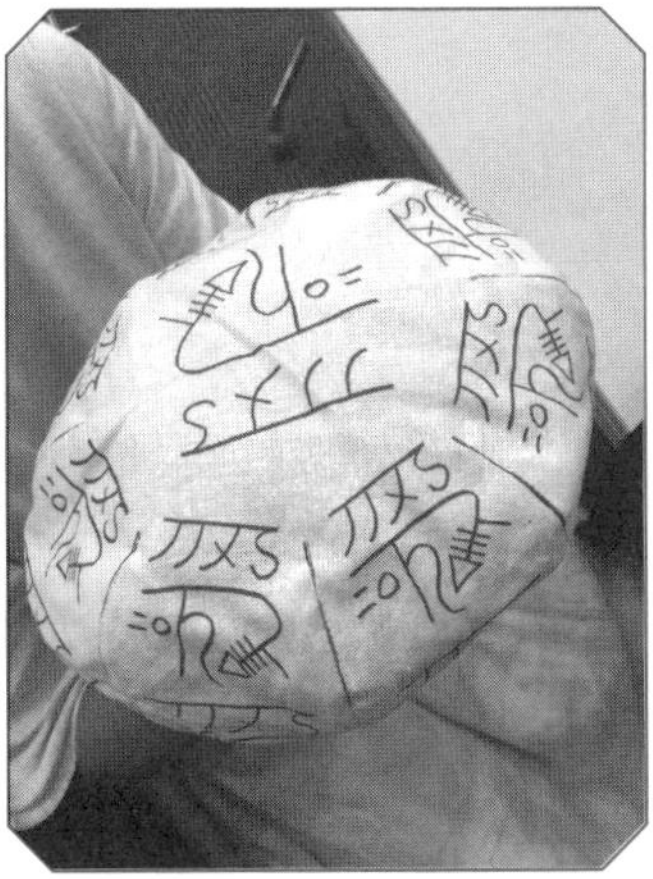

健康運をアップさせる
「きに」をベレー帽に

龍体文字を
Tシャツにプリント（上）。
フトマニ図を
エプロンにプリント（下）

第6章

龍体文字の体験記

かゆみ止めの「ぬ」について

原卓さん

私は、三重県伊賀市で、放課後児童クラブの支援員をしております原卓と申します。この児童クラブには、小学校1年生から3年生までの40人が在籍しています。その子供たちが、虫刺されでかゆいと訴えてくると、絆創膏《ばんそうこう》に「ぬ」の龍体文字を書いて、かゆい所に貼ってやります。

原卓さん（左）と森美智代氏（中央）

通常、児童クラブの開所時間は、14時から18時までですが、今は夏休みで、8時から18時まで一日中子供たちがいます。水遊びや外遊びで、体を擦りむいたり、打ったりすると、必ず支援員の所へやってきて訴えます。

ある時、Sちゃんがやってきて、

痛い所にきにを書いた
絆創膏を貼ります。
かゆい所にぬを書いた
絆創膏を貼ります。

右足の靴下を脱いで「虫刺されでここがかゆくて、ここが痛い。昨日アブみたいのに刺された」と言います。そこで私は、絆創膏に「ぬ」を書いてかゆい所に貼り、痛い所に「きに」を書いて貼りました。

　すると周りにいた子供たちが集まって来て、「それ何？」、「なんて書いてあるの？」、「それ、漢字？」と矢継ぎ早に質問をしてきます。私は適当に返事をして、事務室に逃げ込みました。というのは、まだ龍体文字は一般的ではないので、児童クラブという公共の場で、公に子供たちに使用するのは憚《はばか》られたからです。

　案の定、Sちゃんは、その後、私にはあまり近づかなくなりました。

ある時、Oちゃんが、虫刺されの足を見せて「ここかゆい！　アレ貼って！」とやって来ました。私はすぐに、龍体文字の絆創膏がいいとわかったので、ポケットからボールペンと絆創膏を出して、「ぬ」を書いて、貼ってあげました。

すぐ後で、Yちゃんもやってきて「私もここがかゆい！　シール貼って！」と、足を見せて訴えているので、Yちゃんにも同じように、絆創膏を貼ってあげました。

どうも子供間のコミュニケーションで、龍体文字の絆創膏のことが広まっているようです。

私が、初めて龍体文字に触れたのは、数年前の森美智代先生の断食合宿でです。私は、龍体文字の太占（フトマニ）を見て、「これは、どこの国の文字で、なんと書いてあるのですか？」と、森先生にお聞きしました。

先生は「日本の昔の文字で、平仮名のあいうえおが書いてあるのよ」と教えてくださいました。でも、そのときは、あまり興味が湧きませんでした。

ところがあるとき、Tシャツに龍体文字を書いて、それを着ようと思いつきました。

理由は、私は瞑想してもなかなか内観ができないので、何か良い方法はないかと思っていたからです。そこで、森先生に、内観できるようになるための龍体文字をお聞きしたところ、「を」だと即答してくださいました。

それ以来、私は、「を」書いた下着を着るようになり、何人かの友人にも、龍体文字を書いたTシャツやタンクトップをプレゼントしました。

そのうち、蚊に刺されても、龍体文字の「ぬ」を手や足に書けばかゆみが消えるというブログがバズッたと森先生に伺って、虫刺されの子供たちに龍体文字を書こうと思いついたわけです。

子供にとっても、薬ではなく、絆創膏を貼るだけなので、アトピーの心配もありません。

今では子供たちから「シール貼って！」とやってくるので、かゆみには、龍体文字の「ぬ」を書いた絆創膏、痛みには、「きに」テープを貼って対応しています。

どの程度効能があるのかはわかりませんが、子供たちが「剝がしたら、また、かゆくなってくる」と言っています。

ドイツで「きに」に救われています

ゴッターバルム恵子さん

私と龍体文字の出会いは、２０１６年11月、大阪府八尾のプリズムホールで森美智代先生が開催された「40分合掌行」と「龍体文字のフトマニ図」のワークショップに参加させていただいたのが始まりです。

そのときは、40分合掌行を1回することで癒しの手をまずつくり（実際、合掌行のあと参加者の皆さんの手から、パワーが出ていることを森先生が確認されていました）、それから、フトマニ図の作成を致しました。

フトマニ図は、それそのものがお守りになる最強のパワーをもっているということで、私は、フトマニ図をハンカチに書いたり、金文字で書いて友人にプレゼントしたりしています。

ワークショップでは、「きに」の字が、体の痛み、苦痛、不調を和らげる文字だということを、教えていただき、体の痛いところに直接マジックで書くと、本当に痛みが和らぎます。

特に更年期の朝の手の強張りには、木綿の手袋に「きに」を書いて着用して寝ると、翌朝強張りがなかったりして、助かります。

あともうひとつは、厚紙に「きに」の字をいっぱい書いて、ベッドサイドに置いていています。腰痛のときは腰の部分に敷いて、お腹の調子が悪いときは腹部に置き、頭痛のするときは、枕の下に敷いたりして活用させていただいてます。

ゴッターバルム恵子さん

この2文字は、私だけでなく家族や、友人、日本の身内、友人が、痛みや、不調があるときにお伝えして、喜んでいただいています。

手軽にマジックで書けて、お金もかからず、副作用もないので安心ですし、人によっては、「魔法のよう」と言われます。

本当にこの「きに」の字がどれほど役立ちどれだけ救われているか、枚挙にいとまがありません。

私は、ドイツ在住なのですが、ドイツの医療事情は、病院は完全予約制で、予約の電話もなかなかつながらなかったり、やっと電話がつながっても、予約日は数カ月先ということはよくあることで、評判の良いお医者様は、手一杯で新患はお断りです。

反対にプライベート保険の人は予約も早くとれ、待ち時間も短く、保険外治療ができるからでしょうか、一部かもしれませんが、過剰な検査、治療をされて高額請求されるという憂慮される問題となっています。

やはり海外に永く住みなれているとはいえ、体調がすぐれないときは、心細く気持ちも沈みます。

そんなとき、心と体を癒してくれる龍体文字は、私のライフスタイルで必須です。

「奇跡」「治癒」「天使」「キニ」「フ」
「フトマニ図」を書いたものを
プレゼントしました。
フトマニ図を腹部にのせると
お腹があたたかくなって
リラックスできます。

実際、私の体験として、診察の予約日までによくなって、キャンセルの電話をしたことも何回かあります。

自分で気軽にセルフケアできるのは、無駄な医療費の節約にもなりますし、病院に行く時間や待ち時間、即ち時間の節約にもなり、私にとっては一石二鳥です。

話は変わりますが、近所の懇意《こんい》にさせていただいているご婦人の娘さんが（会社経営されています）、一昨年大腸がんになられ、私は、金のマジックでフトマニ図を書いたものと、A4の用紙に、「奇跡」「治癒」「天使」「きに」、邪気を祓い、体内の循環を整える「ふ」の字を書き、その下にドイツ語でそれぞれ訳し書き添えたもの、Tシャツに「きに」の字をいっぱい書いたものをプレゼントしました。

その娘さんは、「フトマニ図を腹部にのせると、お腹があたたかくなるのとリラックスできる」とおっしゃり、喜んでおられました。

約2か月後のある日曜日の午後、その娘さんが私のところに来られ「がんが消えました」とご報告くださいました。

話によりますと、治療計画では抗がん剤8クールで、最低でも6回は必要だったらしいですが、あまりに副作用がキツくて2回で抗がん剤治療を中止されたそうで、その約2か月後の検査でがんが消えていたそうです。私もとても嬉しく、お互いの手をぎゅっと握りしめ喜びを共にしました。

またそれ以外のドイツ人の友人に、龍体文字を書いてプレゼントしたりしています。

一文字ずつ書いて説明すると、「アルファベット」や数字が入り込んで、片仮名や平仮名よりも親近感をもってもらえます。

逆に「古代文字でなぜアルファベットが入っているの?」と聞かれたりします。

またまた私事で恐縮ですが、今年1月には「40分合掌行」と龍体文字でフトマニ図を書くワークショップを少人数ですが開催いたしました。

参加者の皆様と龍体文字で楽しいひとときを過ごさせていただき、感謝の気持ちでいっぱいでした。

ドイツで大変微力ではございますが、少しずつ龍体文字を広め、皆様に喜んでいただけるよう、日々精進を重ねて参ります。

最後になりましたが、森美智代先生、スタッフの皆様に心より謹んで感謝申し上げます。

ありがとうございました。

なくしたものを見つける「ゐさ」

井本美恵さん

私が龍体文字を初めて知ったのは、森先生主催のあわあわ断食合宿に参加した時でした。その時は神代文字という以外の知識はなく、さほど興味もなかったのですが、半信半疑ながらも龍体文字に触れ、いろいろと体験を重ねるうちに龍体文字の効果のすごさを実感していきました。

その一つが「ゐさ」です。

森先生は「いつも探しモノをしている人は龍体文字の『ゐさ』を手のひらに書いたらいい」とおっしゃっていました。

年齢的にも物忘れが増えたとはいえ、それほどひどいと思っていなかったのですが、実際には何度も「ゐさ」に助けられ、森先生のおっしゃった通り、毎日手のひらに書いたほうがいいかもしれないと思うほど効果を痛感しております。

まずはじめに、縁あって購入することができた、国産の大麻の生地に藍染されたストールを3度失くして、そのうちの2回は「ゐさ」を手のひらに書いたら手元に戻ってくるという体験をしました。

1度目は伊勢神宮参拝の帰りでした。電車を降りる際に忘れたのを、隣に座っていた方が追いかけてきてくれて届けてくれました。

2度目は森先生の40分合掌行と龍体文字ワークショップに向かう途中、電車の中で、鞄の中に入れたはずのストールがないことに気づき、駅までの徒歩の道のりで落としたのかもしれない、ワークショップの帰りに探しながら帰れば見つかるだろうと安易に考えていました。実際、帰り道で細心の注意を払い探しながら帰宅したのですが、見つけることができませんでした。

次の日、車で外出する時に、徒歩で見つからなかったのに、車で見つかるわけがないと頭の中では思いながら、

井本美恵さん

手のひらに「ゐさ」を書きました。発車してすぐ左折のための一旦停止で、進行方向を見ると角の家の垣根にストールがかけられているのが目に入ってきました。

まさに目に入ってきたという感じです。

そうして「ゐさ」を書いて数分でストールは私の元に戻ってきました。

もしワークショップの帰りに手のひらに書いていれば、その日の内に見つけることができていたかもしれません。

3度目はストールがいつも収納している場所になく、思いつくところを探しましたが家では見つけることができませんでした。最後に使用したのはいつだったかと記憶をたどり、自転車で移動したことは思い出せても、どこで落としたのかまったく見当がつきませんでした。しかし、前回の体験で龍体文字のすごさを実感していたので、すぐに「ゐさ」に頼ることにしました。

手のひらに「ゐさ」を書いてすぐに頭の中にスーパーの映像が浮かび、そういえばそのスーパーに寄ったことを思い出し、電話してみると、ストールを落とし物として預かっているとのことでした。そうしてまた私の元に戻ってきてくれました。

ストール
どこで落としちゃったの
かしら…
手のひらにゐさを書いてすぐに
スーパーの映像が浮かび、
電話をしてみると、
落とし物として預かられていました。

後日その体験を森先生に話すと、何度も同じストールをなくす私に、「嫌われているんじゃない？　もうストールに『ゐさ』を書いておいたら」と一笑されました。

そういえばストールを落としたのは無造作にカバンに入れたときで、大切にされていないことに嫌気が差して逃げ出したのかもと思いました。

国産の大麻の生地なので、かなり珍しく手に入らない品で、縁がなければ私の元に来なかったはずなのに、なぜ大切にしなかったのだろうと反省しました。

せっかく「ゐさ」が2回も仲を取り持ってくれたので、これからは大切にしますと約束し、ストールからの信頼を取り戻している最中です。

もう一つ「ゐさ」のすごさを実感したのは、主人が家の鍵を失くしたときです。

主人はどこで失くしたかまったく見当がつかないといい、家中を探している最中に、私が自分の手のひらに「ゐさ」を書いて、「どうか出てきてください」とお願いすると、その瞬間に主人が見つけたことがありました。

それが、普通に探していたら到底見つけ出せないような所から出てきたので、他人が探しているものでも効くのだと実感しました。

「ゐさ」を書いて探しものが見つかる瞬間というのは、本当に不思議です。まさにそこに元々あったかのように、目の前に現れてくれる感じです。

龍は天と地をつなぐ生き物といいます。

普段意識せずに何となく使用しているものを失くして、龍体文字の力を借りて手元に戻ってくると、今度は大切にしよう、大事に使おうと思えますし、手元に戻ってきてくれたことに感謝します。

龍体文字はモノとの関係をつなげてくれる役割をしてくれるなという気がします。

龍体文字はとにかく書いてみて効果を実感すると、ますます頼りたくなり、感謝して、また書いてみると、さらに効果を実感できます。

これからも謙虚さを忘れずに使わせていただくという気持ちで、お世話になりたいと思います。

龍体文字「ふ」のエネルギー

武岡恵子さん

私が龍体文字を初めて知ったのは、森美智代先生の治療を受け、不調な所に「きに」を書いてくださった時だと記憶しています。

治療中に龍体文字の素晴らしさを熱く話されていた先生の姿を今でも覚えています。その時は、特に何も思わず「そんな不思議な文字があるのかぁ」くらいの受け止め方でした。

武岡恵子さん

龍体文字を自分で書き、初めて文字の氣を感じたのは、２０１７年末の断食合宿に参加した時でした。

それまでは、物から出ている氣をなんとなく感じる程度でしたが、断食中ということもあり、感覚が鋭くなっていたのでしょうか、墨で描いたフトマニ図から出ている柔らかで温かい氣（パワー）をはっきりと感じることができました。

断食合宿終了後は、そのフトマニ図から出ている氣（パワー）を感じられることが楽しくて何回も書いたり、グッズを作ったりして龍体文字を身近な神代文字として大切にし、２０１８年10月には、三重県名張《なばり》市の「あわあわ」で開催された龍体文字のワークショップに参加するなどして、森美智代先生から龍体文字を学んでいました。

２０１９年秋に会社勤めに終止符を打ち、本格的に身体に関する仕事を始めようと決心した頃から、森美智代先生とかかわる時間が格段と増え、整体の先生からの教えもあり、私の感覚が急速に変化をし始めました。

場所や人物、物から出ている氣は以前から少し感じていたのですが、この頃からは、名刺や本、ブログ、ホームページ等々からも出ている氣の影響を受けることが増えてきました。

それらに光の感じがする氣の場合は、共鳴して頭の中がクリアになり、気持ちがよいのですが、そうでない場合は、頭痛、吐き気、胸の中がざわつくなどの感覚に襲われるという、厄介な感覚です。

特に古本屋・骨董品店は、入店するにも気合をいれなければ入れない状況でした。人に会う場合でも、正面に座ると見えない波が押し寄せる感じがして、クラクラするのでその方から少し離れるなど、相手が気を悪くされないように動いていました。一時は慣れ親しんだ人としか会えない時期もあったほどです。

そんな私の生業は整体業ですので、人の身体に触れることが多く、この感覚を自覚し始めた頃は、一人施術をすると、翌日は寝込むという状態でした。クライアント様の何かしらを、私が請け負う形で処理をする感じです。クライアント様は、身軽になるので不調はなくなり喜ばれていましたが、私は自分の身体を保つのに大変でした。

断食や西式甲田療法、森美智代先生の治療や信頼できる先生の施術を受けて身体を整えたり、影響を受けない施術方法の指導を受けたりして、何とか普通に仕事ができるようになり落ち着いてきた頃に、今度は違う症状が出てきました。

詳しくは話せませんが、その症状がとても厄介なもので、森美智代先生に相談すると「龍体文字の『ふ』が効くよ。それで大丈夫」とアドバイスをいただけました。

龍体文字の「ふ」は邪悪なものを吹き飛ばす力があり、悪霊を祓い清めることに役立ち、

いらっしゃい
「ふ」のエネルギーで
病室の邪気を祓う。
ふっ
ふ
「ふ」の音の
エネルギーで
血流がよくなった。

体内の循環を整える文字です。

アドバイスをもらってすぐに、いつも見ると気持ち悪くなるものを恐々見ました。嗚咽《おえつ》と咳が出る反応がすぐに出ました。

今度は「ふ」を身体に書いてみました。

何も反応しません。驚きです。

慌てて書いた「ふ」を消して再度見てみると、嗚咽と咳が……。「ふ」を身体に書くことで、何かしら影響を受けていたものから影響を受けなくなっていたのです。

それからは、施術時にはもちろん、さまざまな場面で嫌な感覚に襲われると、「ふ」を使い影響を受けないように対処しています。

それから、２０２３年の夏の終わりに父が体調を崩し入院しました。２〜３週間で退院できると説明を受けていましたが、容態が急変し、担当医からは、「余命1週間」と告げられました。

絶望しながら病室に入ると、部屋の天井2か所に何か気持ち悪い感じの黒いモヤがかか

っていました。

付き添っていても落ち着かないので、空中に指で龍体文字の「ふ」を書きながら「ふ

っ」と音を出しながら息を吐きました。すると病室がクリアになり明るくなったように感

じられました。

その後の父は、手厚い看護を受け、付き添うたびに手当療法をし、父の身体に「ふ」を

指で書き続けていると一時期は病室を訪ねると「いらっしゃい」と笑顔で話せるまでよく

なりました。担当医の話では、父は自分の身体で血液を作ることができず回復の見込みは

ありません。命の灯が静かに消えるのを寝て待つだけです。

龍体文字の「ふ」は、邪気を祓う効果、血流をよくします。

また、「ふ」の持つ音のエネルギーは血流増加に効果的です。

余命宣告の日数を過ぎ、今でも病室で父との時間を持てているのは、龍体文字の「ふ」

のエネルギーのおかげだと信じています。

第7章

空海様の般若心経と龍体文字

空海様の字＋般若心経＋龍体文字

私がたびたびしている一生に一回するだけでヒーラーの手になる修行の40分合掌行のときに、いつも唱えるお経が般若心経です。とても身近に感じているお経です。

40分合掌行のときに、聖なる言葉であれば、キリスト教の主の祈りであれ、神道の大祓いであれ、世界平和の祈りでもいいのですが、仏教の中で、どの宗派でも読まれて一番有名でなじみがあるお経なので、皆で一緒によく唱えています。

今回お手本にしたのは、弘法大師空海様の書の行書です。

空海様は、三筆と言われて、とても字が美しいと有名ですし、数々の伝説があるほど、神秘的な霊力、パワーがありそうなので、真似ることにいたしました。

このお手本になったものは、空海様が、般若心経を書こうと思って書いたものではなくて、私がこれは確かに空海様の字だとわかっている手紙などの中から、般若心経に使える文字をパッチワークのように集めて並べたものです。

そのお手本に紙をのせて私がなぞったものに、フリガナを書いて、その隣に龍体文字を書いたものです。


とてもなじみのある般若心経を龍体文字で書いてみたいということと、声に出して読んでみたいということ、素晴らしい空海様の字と並べて見てみたいと思ったからです。

高野山には空海様の字が展示されていますが、ガラスケース越しに手をかざしてみると、なんということでしょう、およそ1000年前の字だというのに、パワーが感じられるではありませんか。その字をなぞって書いてみたかったというわけです。

書いていると、筆先から空海様のエネルギーが上がってくるようでした。

習字が得意というわけではないので、行書をなぞるのは大変でしたが、途中から、私の口から、小鳥のように、リズムを教えるような声が出て、空海様が一緒に書き方を教えてくださっているような幸せを感じることができました。これは素晴らしいと感激いたしました。

皆様もぜひ、目でも手でも、空海様の字のパワーと美しさと、龍体文字のパワーを感じてみてください。

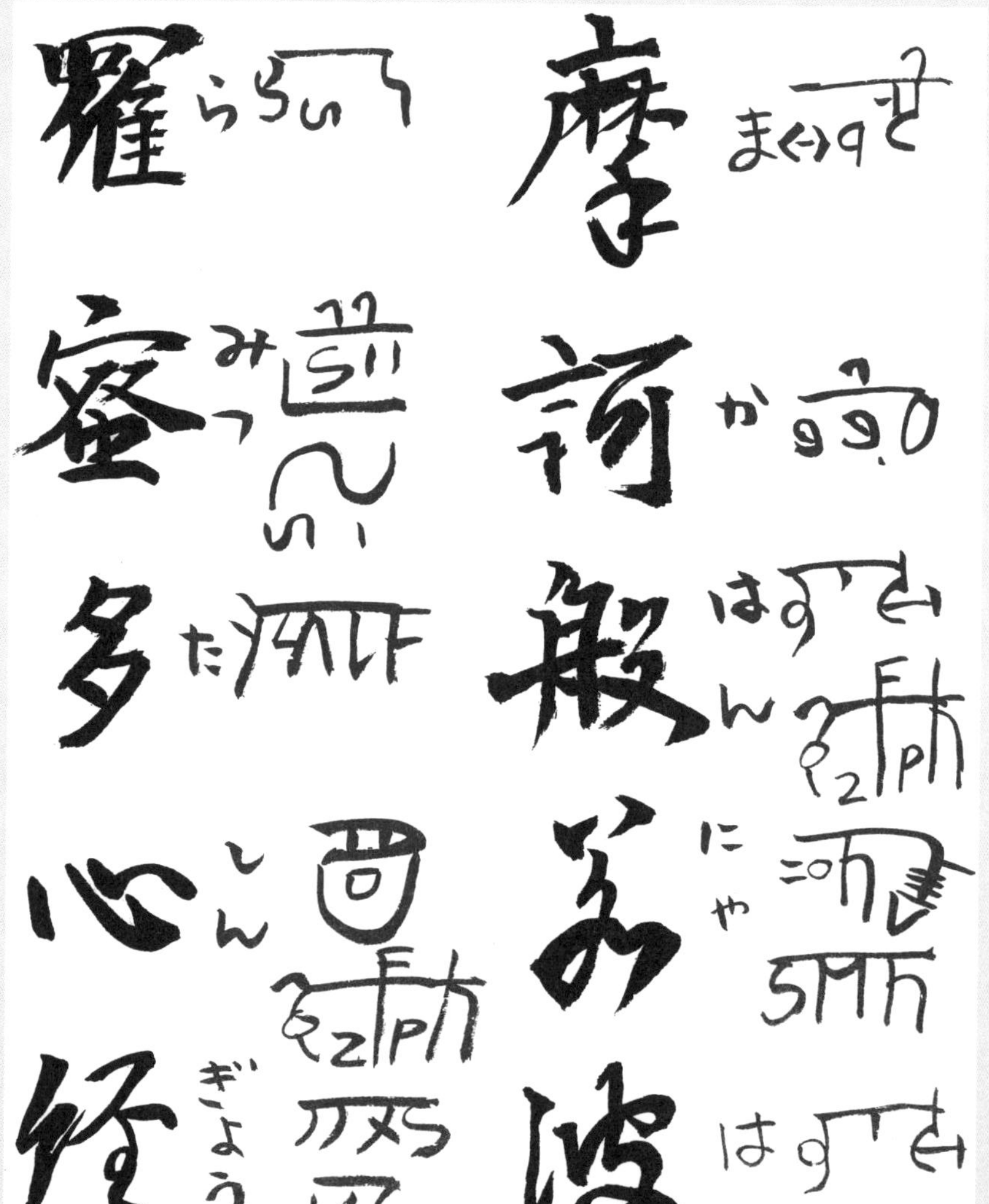
摩《ま》訶《か》般《はん》若《にゃ》波《は》
羅《ら》蜜《みつ》多《た》心《しん》経《ぎょう》

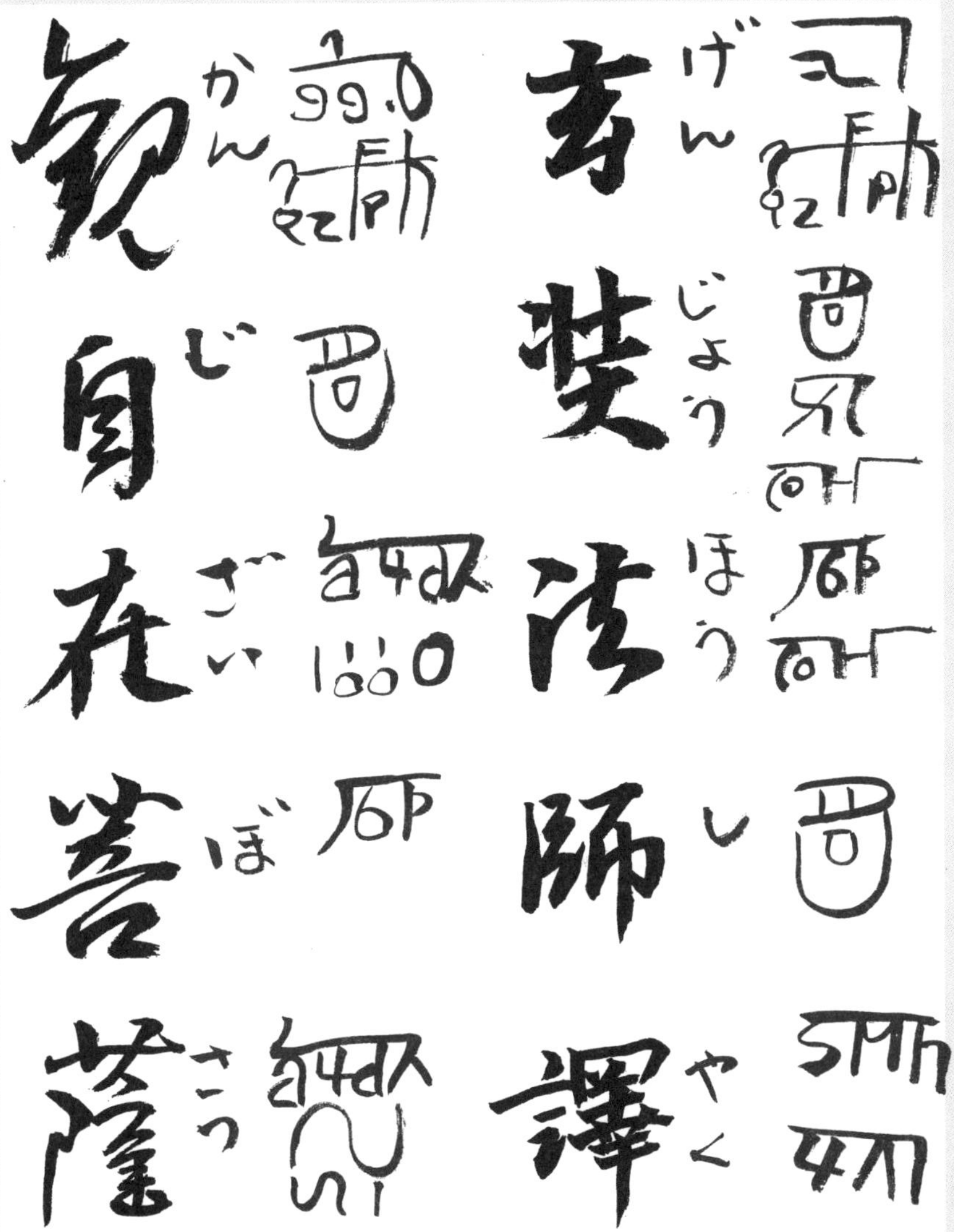
玄《げん》奘《じょう》法《ほう》師《し》譯《やく》
觀《かん》自《じ》在《ざい》菩《ぼ》薩《さつ》

行《ぎょう》深《じん》般《はん》若《にゃ》波《は》羅《ら》蜜《みつ》多《た》時《じ》照《しょう》

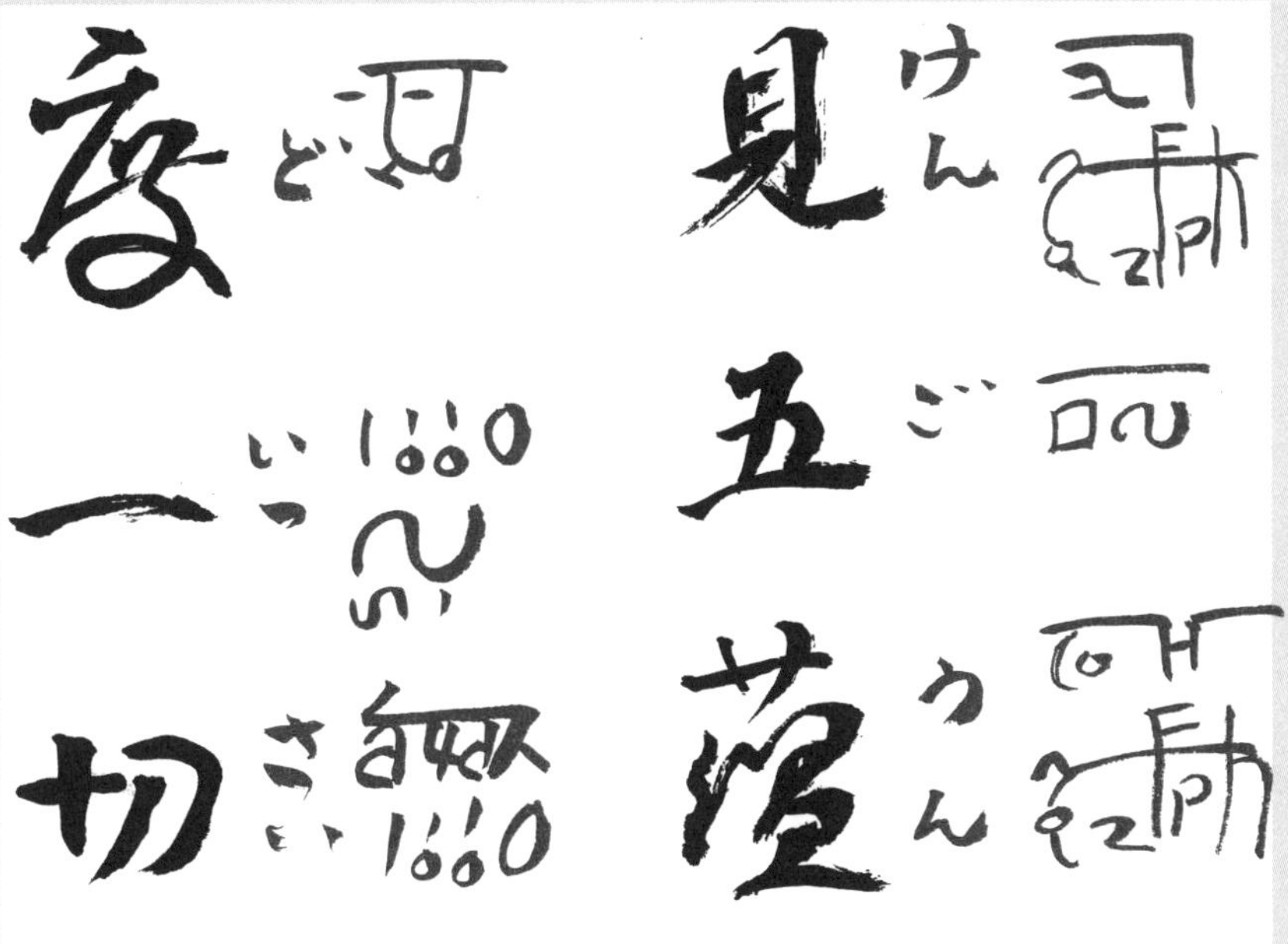
見 けん
五 ご
蘊 うん
皆 かい
空 くう
度 ど
一切 いっさい
苦 く
厄 やく

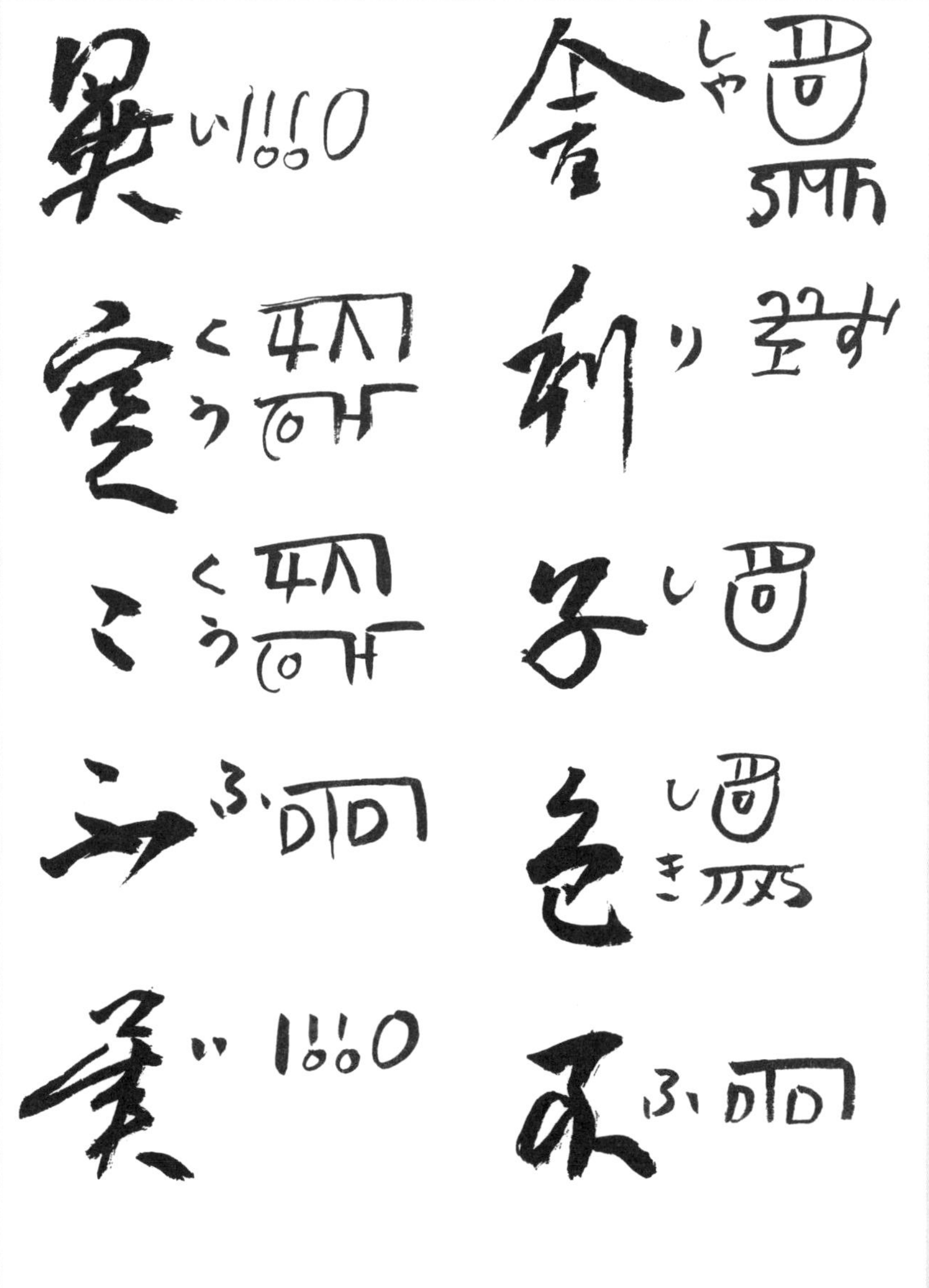

舎《しゃ》利《り》子《し》色《しき》不《ふ》
異《い》空《くう》空《くう》不《ふ》異《い》

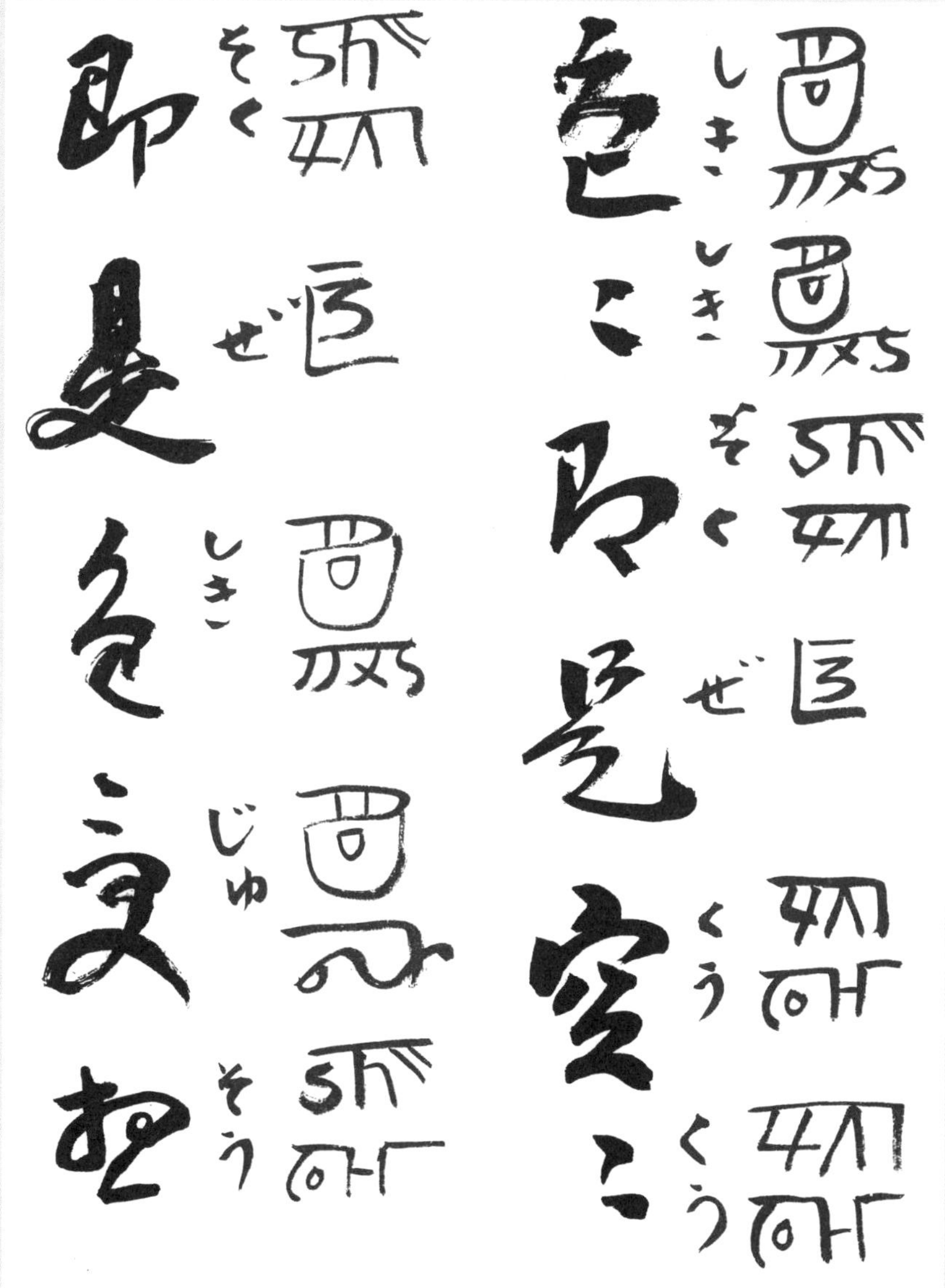
しき
しき
そく
ぜ
くう
くう
そく
ぜ
しき
じゅ
そう

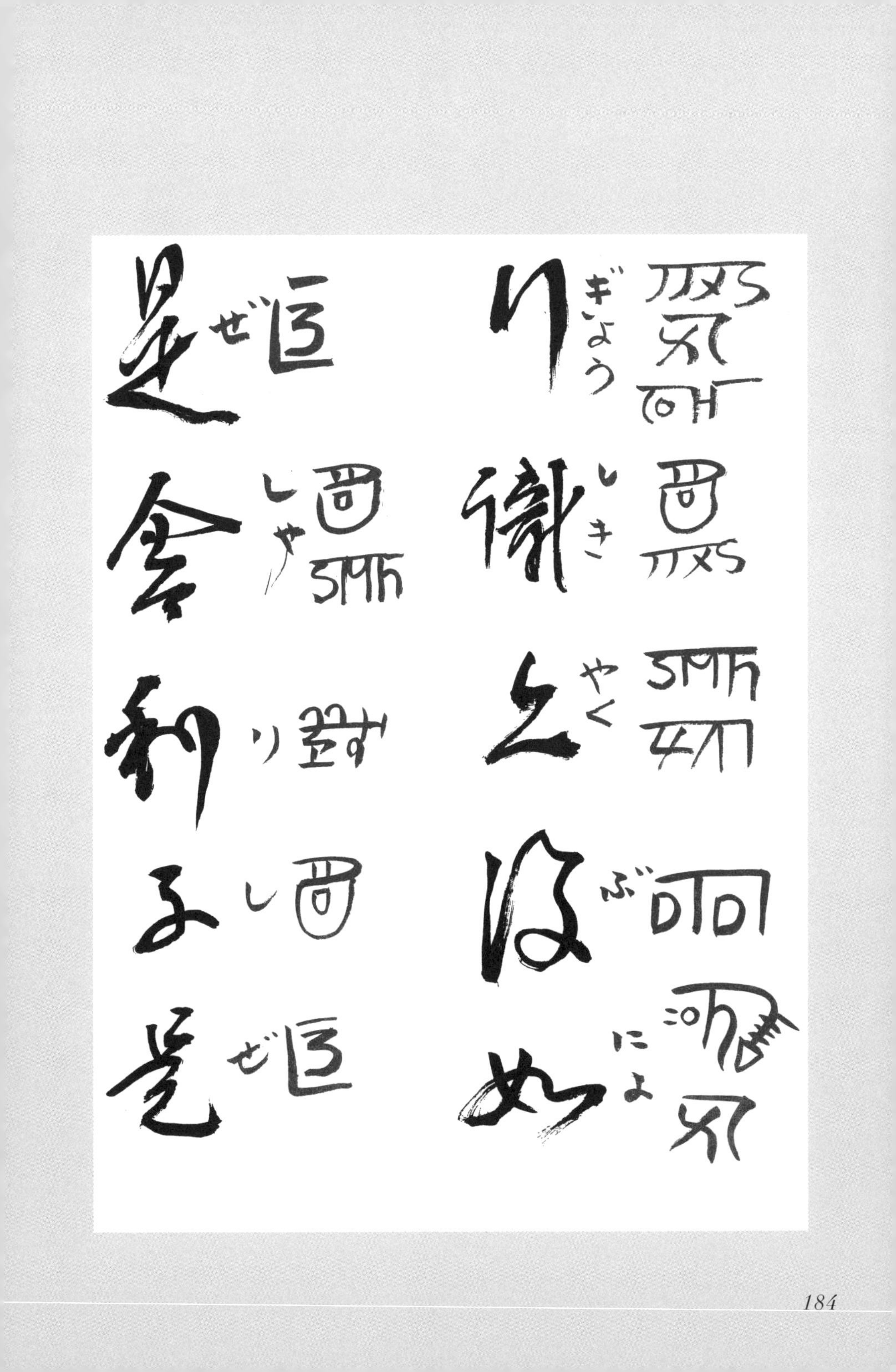

行《ぎょう》識《しき》亦《やく》復《ぶ》如《にょ》

是《ぜ》舎《しゃ》利《り》子《し》是《ぜ》

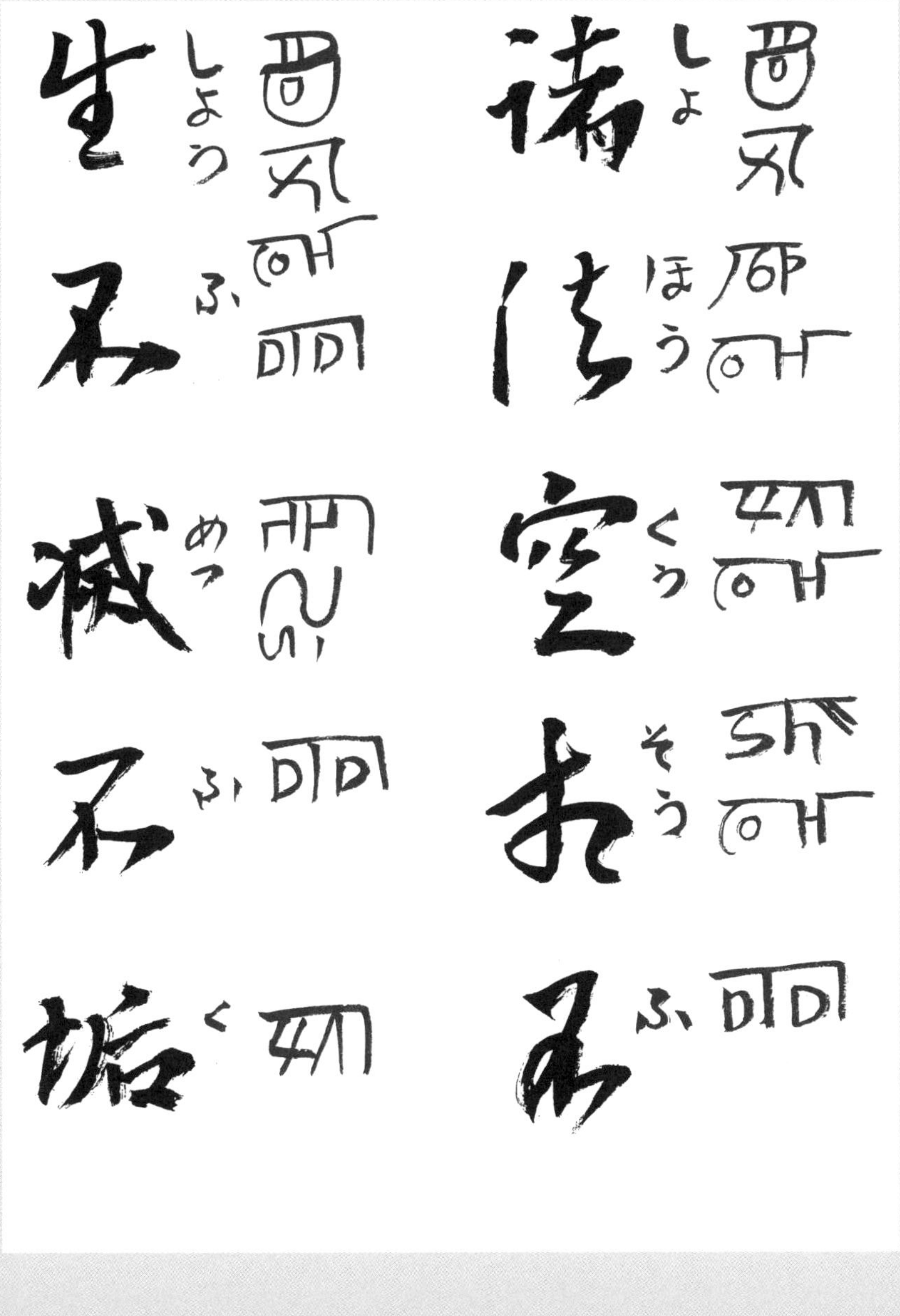
諸《しょ》法《ほう》空《くう》相《そう》不《ふ》
生《しょう》不《ふ》滅《めつ》不《ふ》垢《く》

不《ふ》浄《じょう》不《ふ》増《ぞう》不《ふ》

減《げん》是《ぜ》故《こ》空《くう》中《ちゅう》

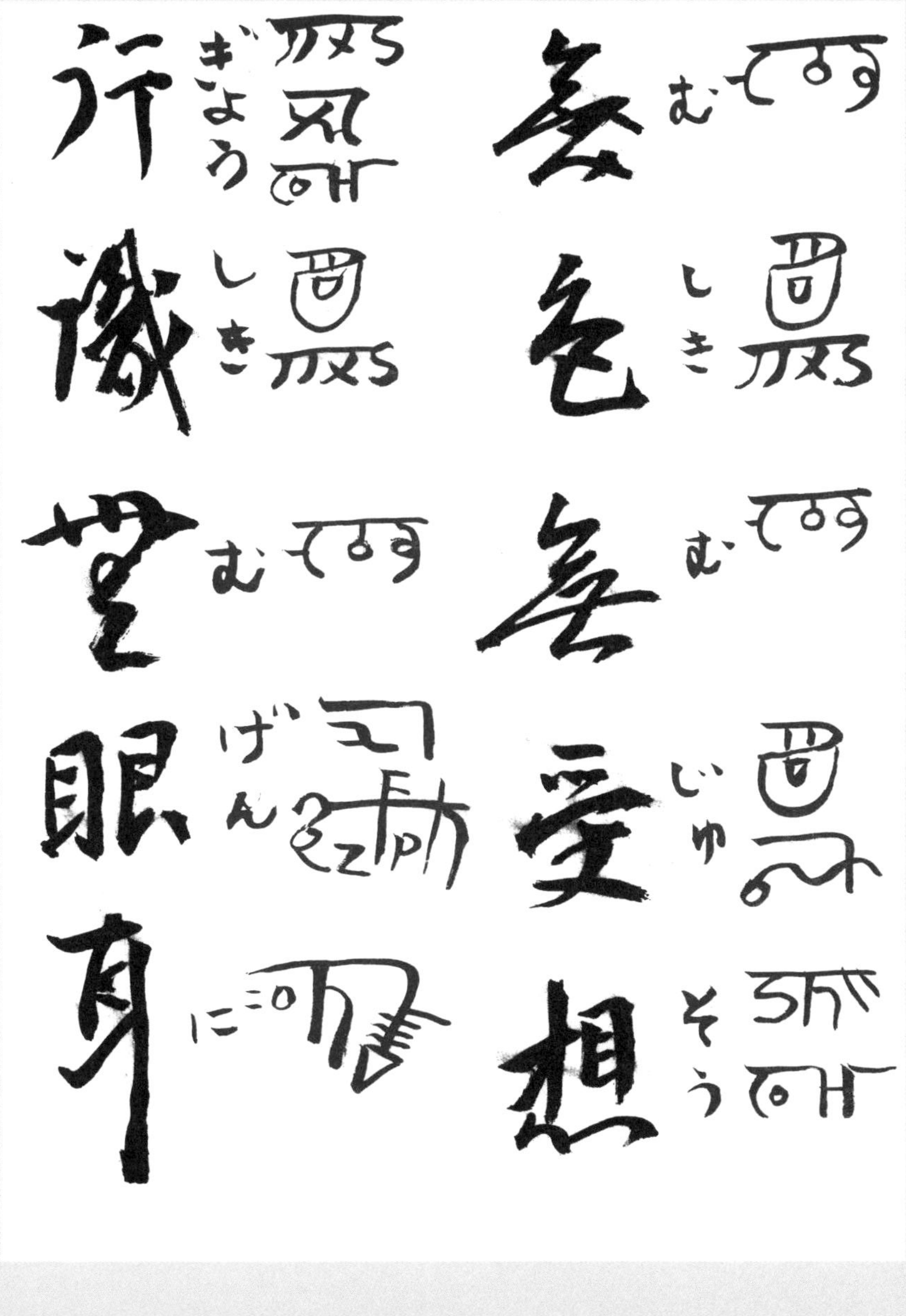
無《む》
色《しき》
無《む》
受《じゅ》
想《そう》
行《ぎょう》
識《しき》
無《む》
眼《げん》
耳《に》

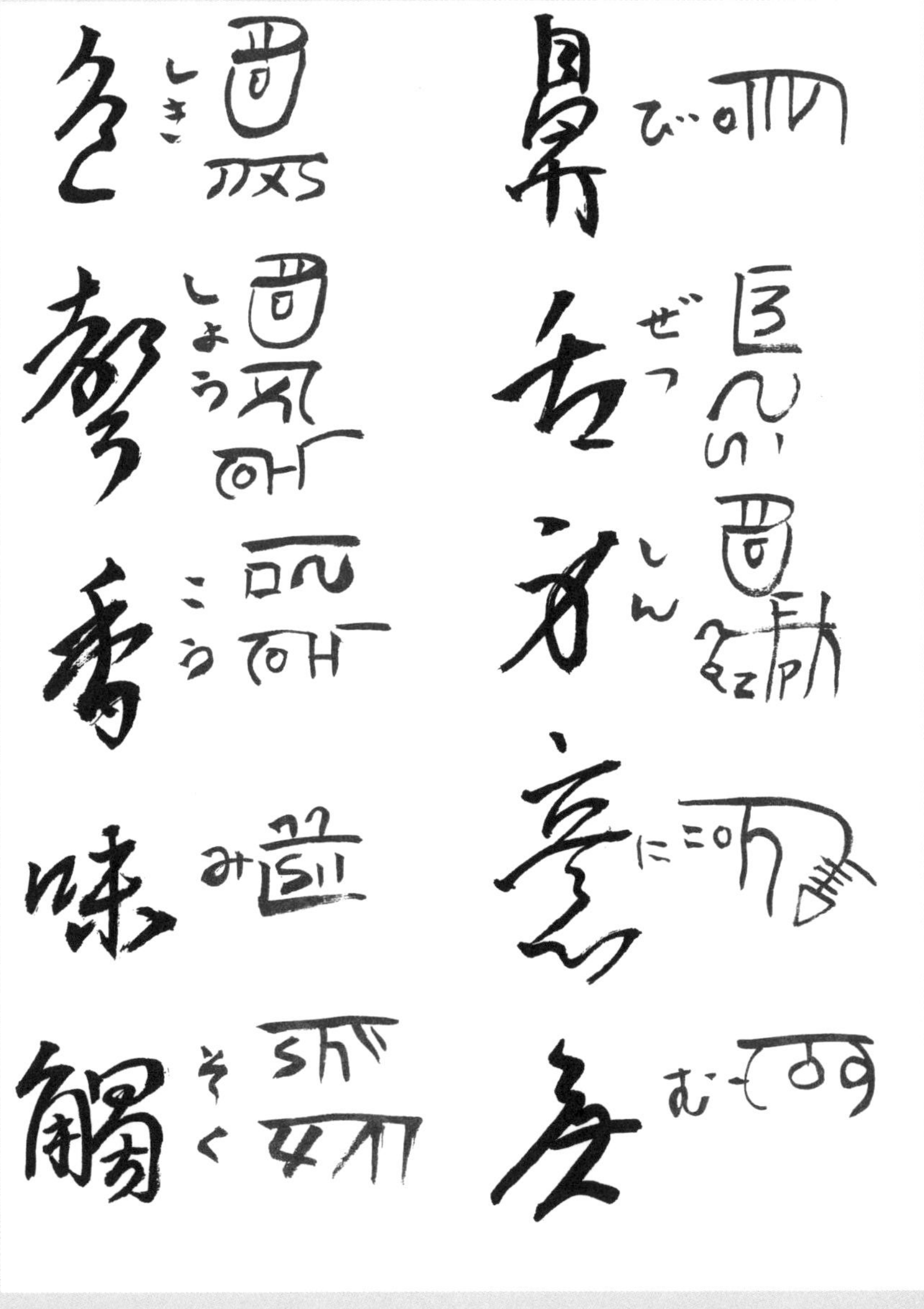
び
ぜつ
しん
に
む
しき
しょう
こう
み
そく

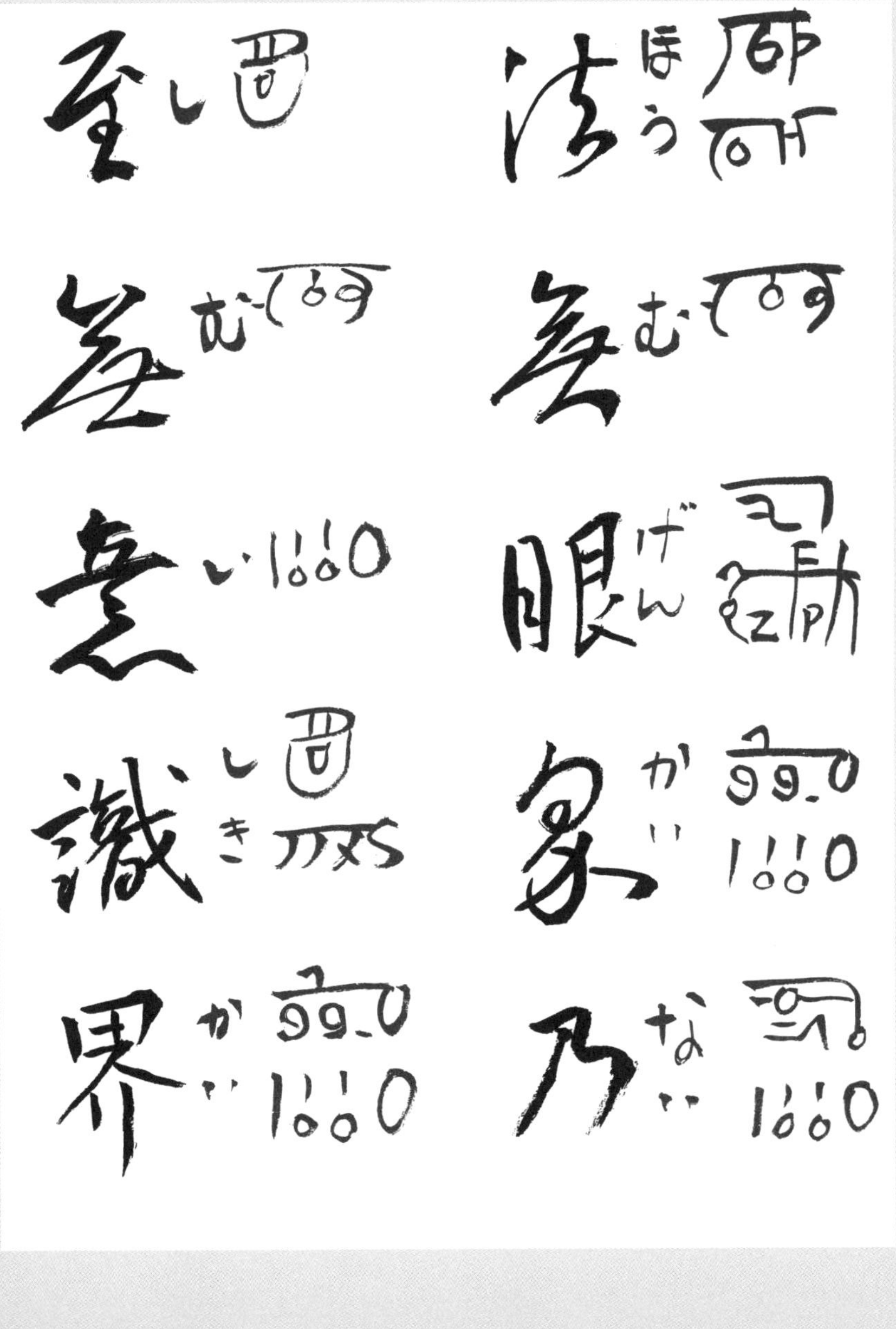
法 ほう
無 む
眼 げん
界 かい
乃 ない
至 し
無 む
意 い
識 しき
界 かい

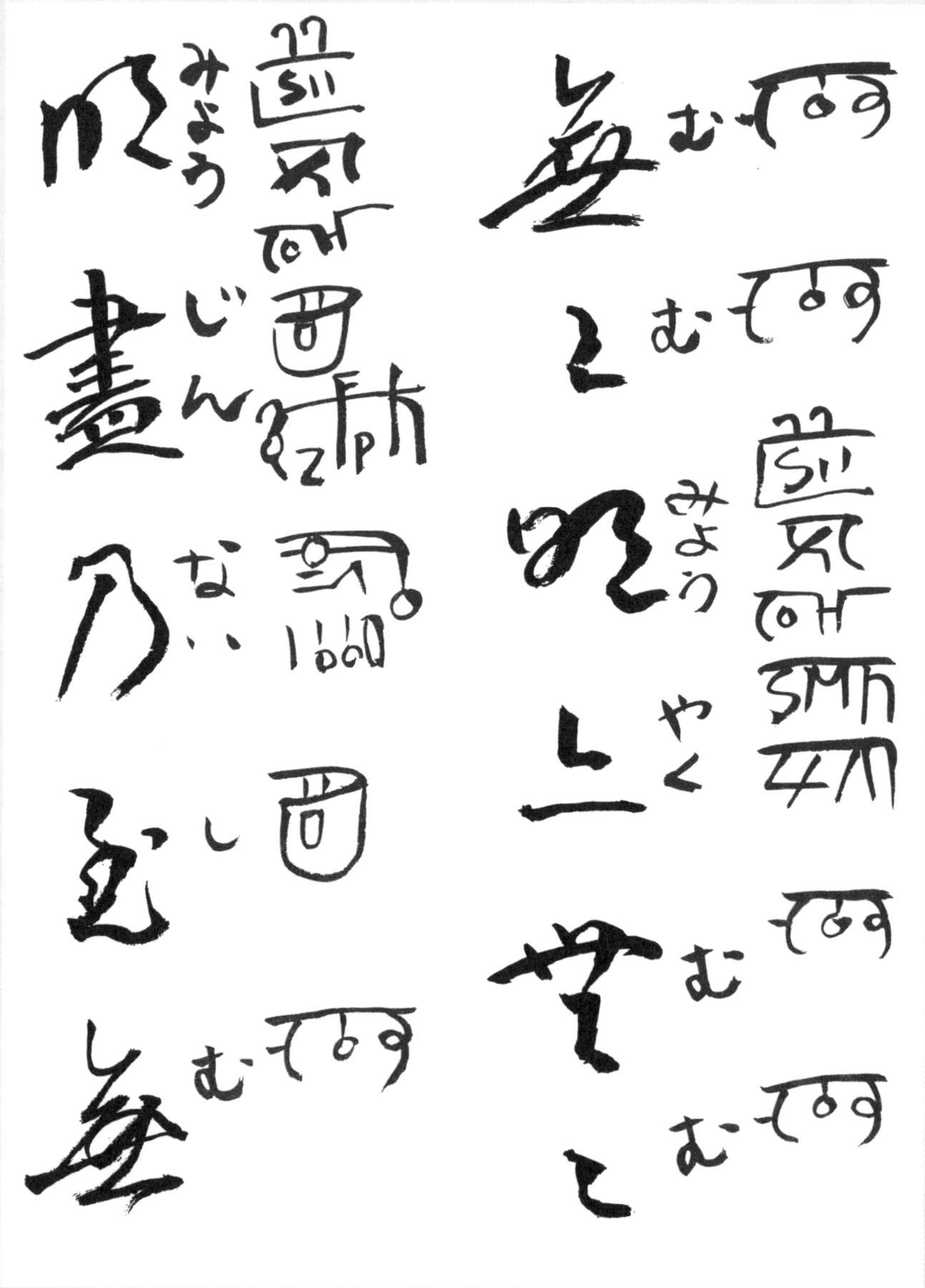
む
む
みょう
やく
む
む
みょう
じん
ない
し
む

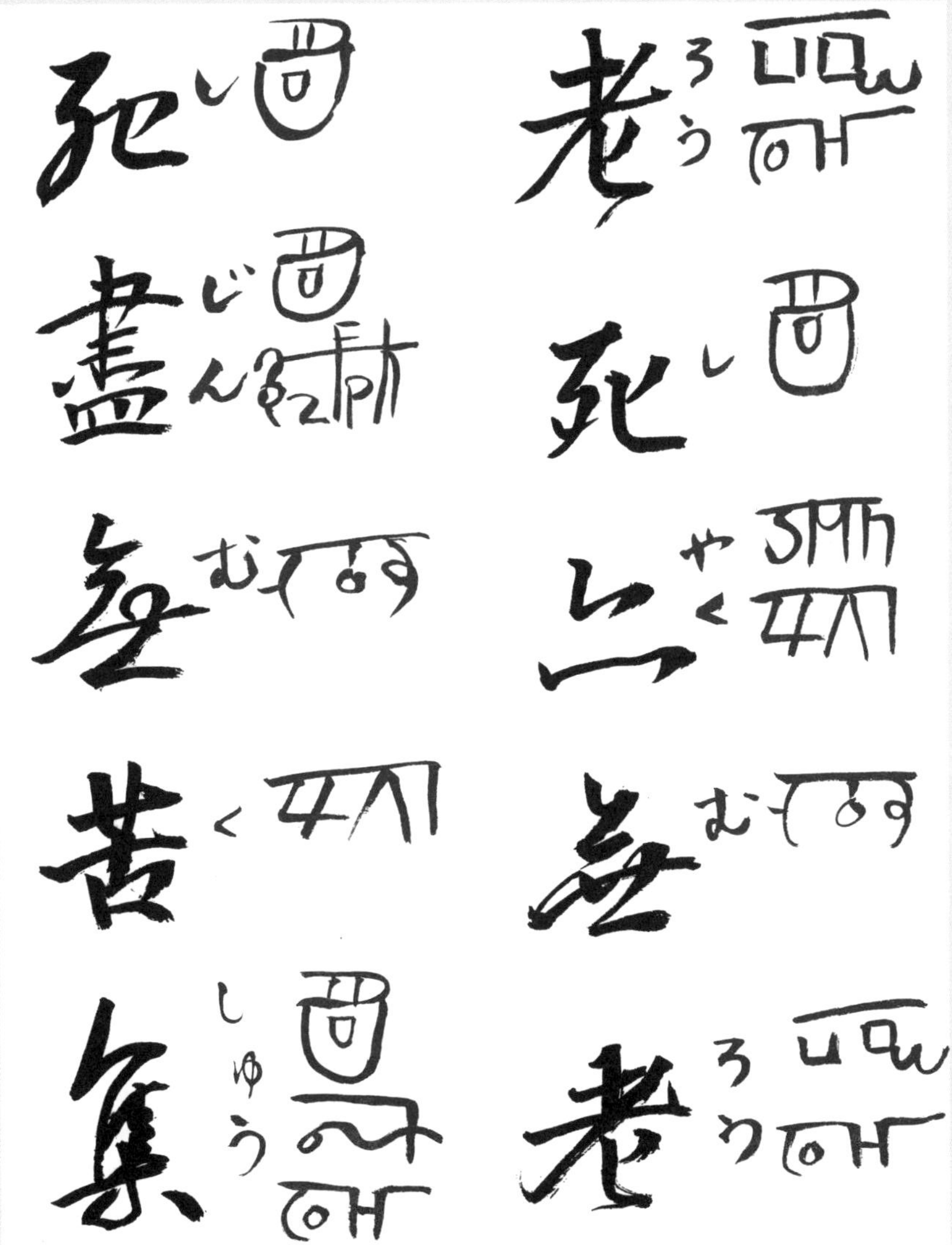
老 ろう
死 し
亦 やく
無 む
老 ろう
死 し
盡 じん
無 む
苦 く
集 しゅう

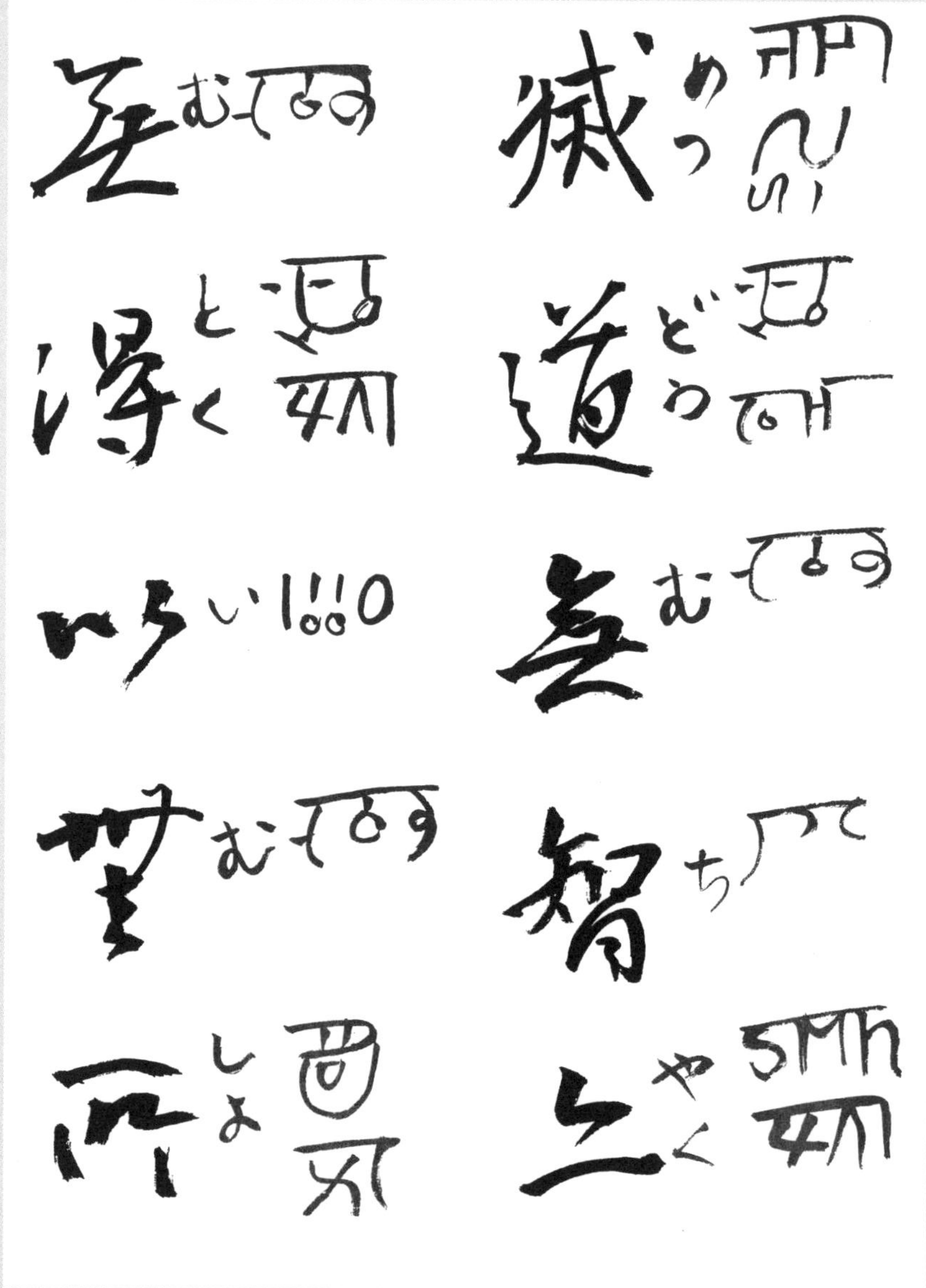

めつ
どう
む
ち
やく
む
とく
い
む
しょ

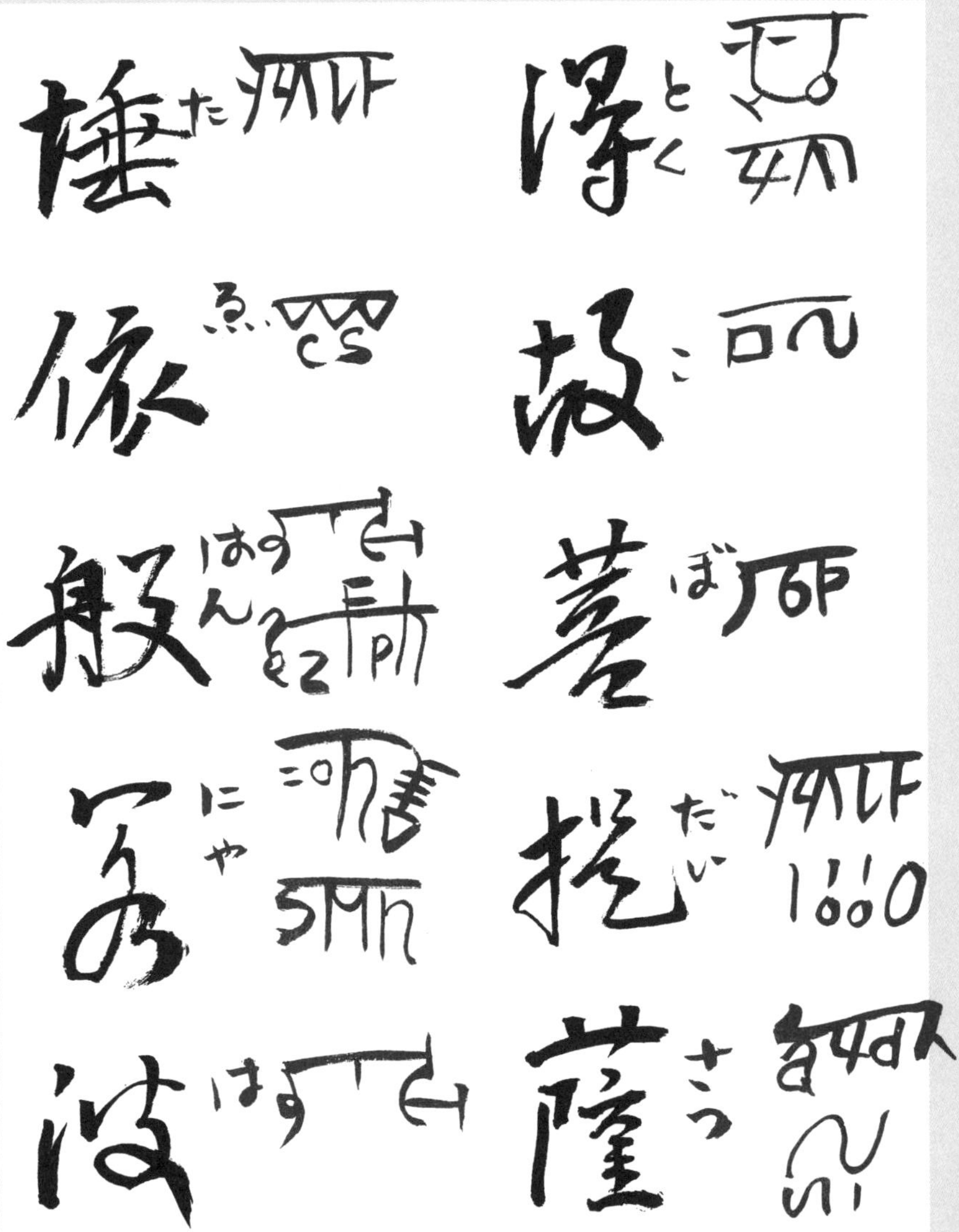
得 とく
故 こ
菩 ぼ
提 だい
薩 さつ
埵 た
依 え
般 はつ はん
若 にゃ
波 はす

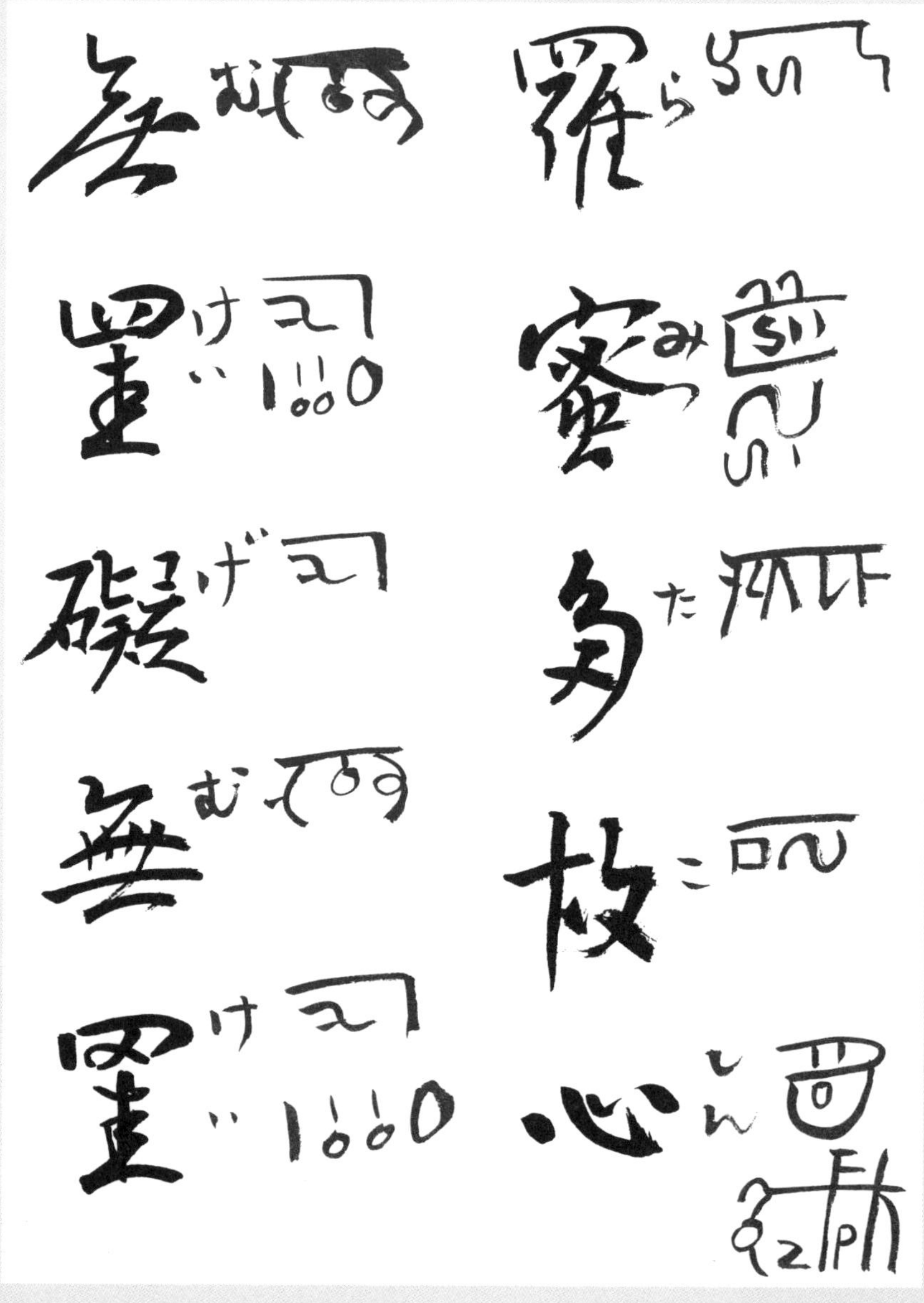
羅《ら》
蜜《みつ》
多《た》
故《こ》
心《しん》
無《む》
罣《けい》
礙《げ》
無《む》
罣《けい》

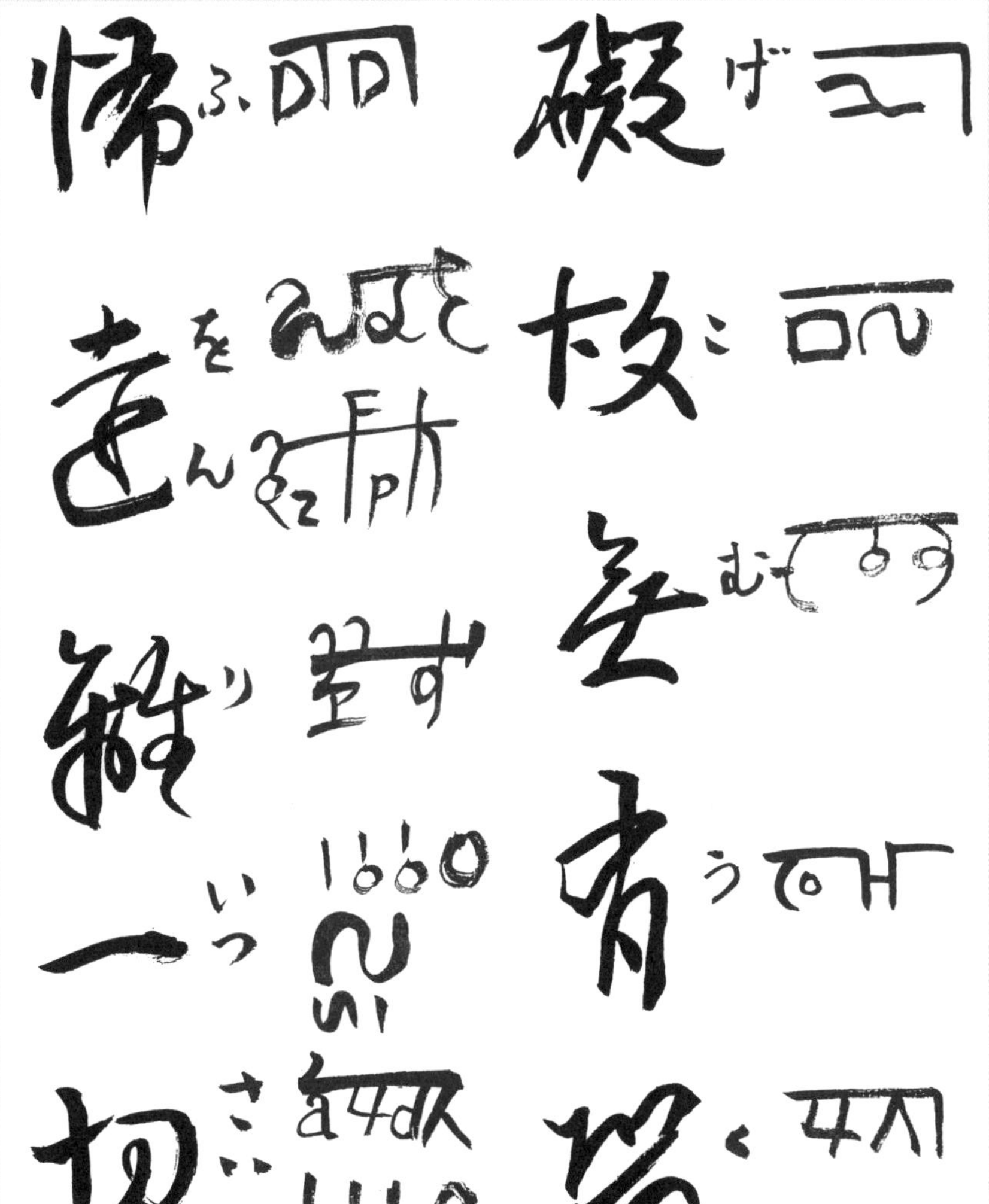
礙 げ
故 こ
無 む
有 う
恐 く
怖 ふ
遠 を ん
離 り
一 いっ
切 さい

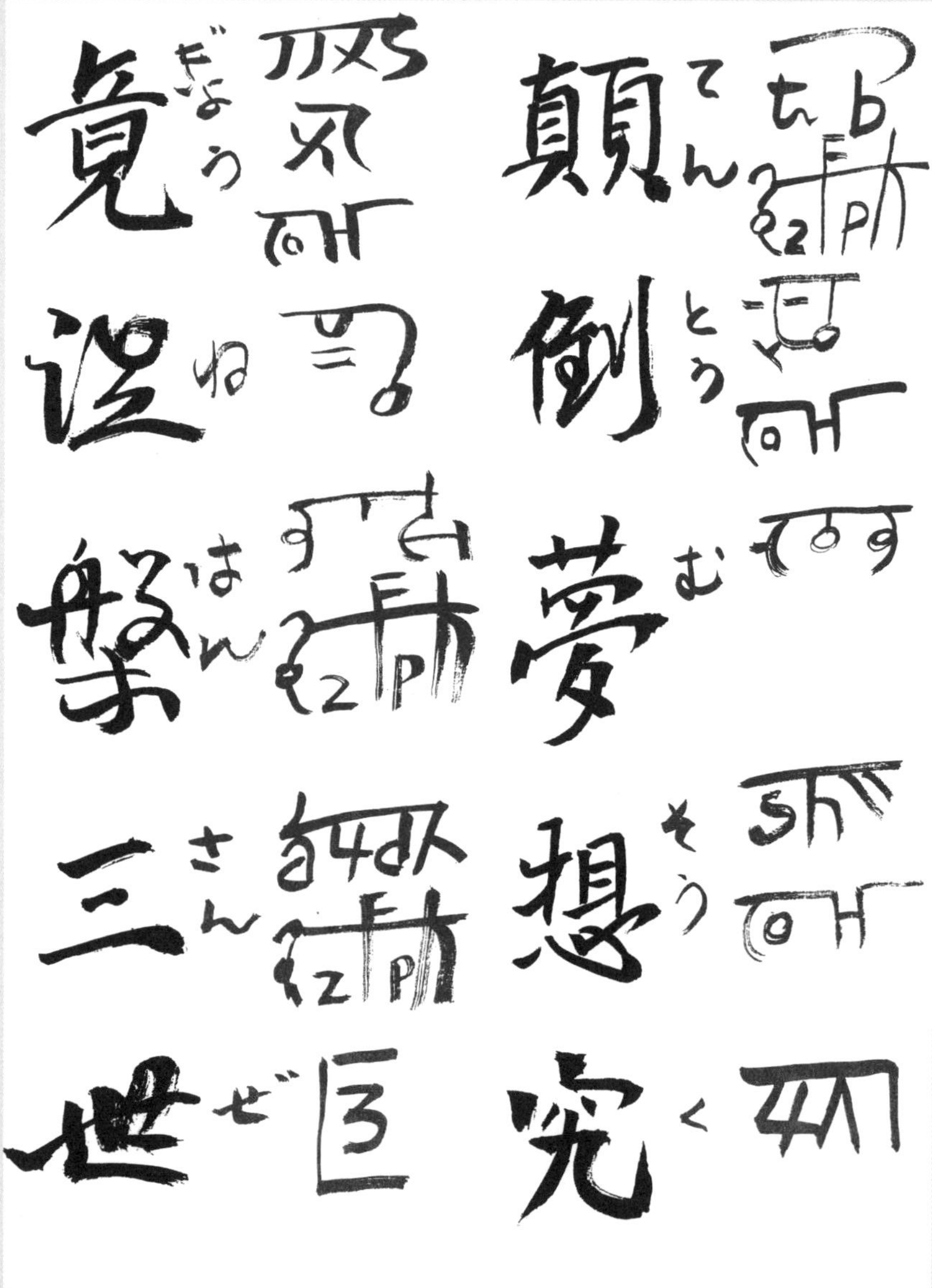
顛《てん》倒《とう》夢《む》想《そう》究《く》
竟《ぎょう》涅《ね》槃《はん》三《さん》世《ぜ》

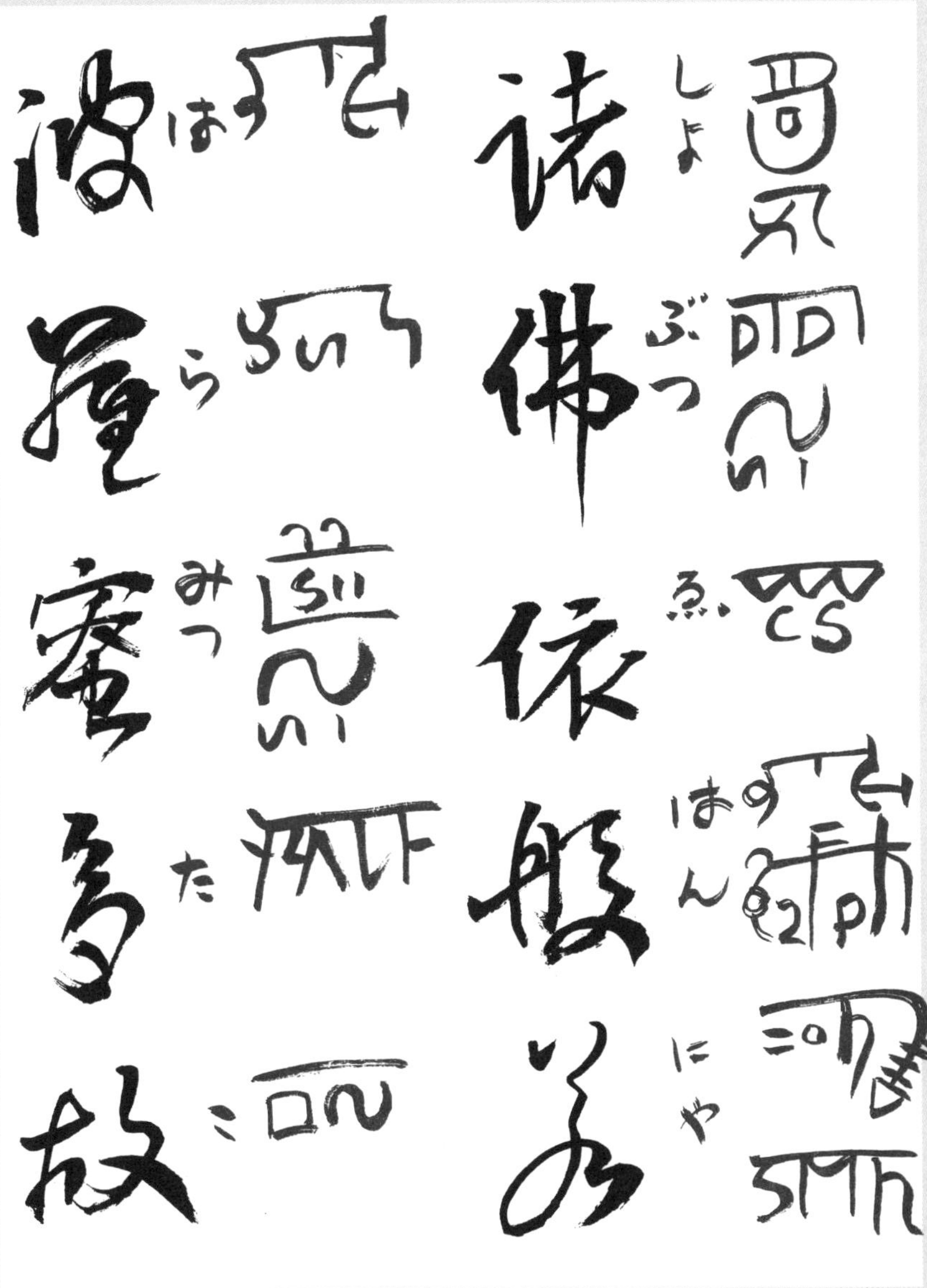
諸《しょ》佛《ぶつ》依《ゑ》般《はん》若《にゃ》
波《は》羅《ら》蜜《みつ》多《た》故《こ》

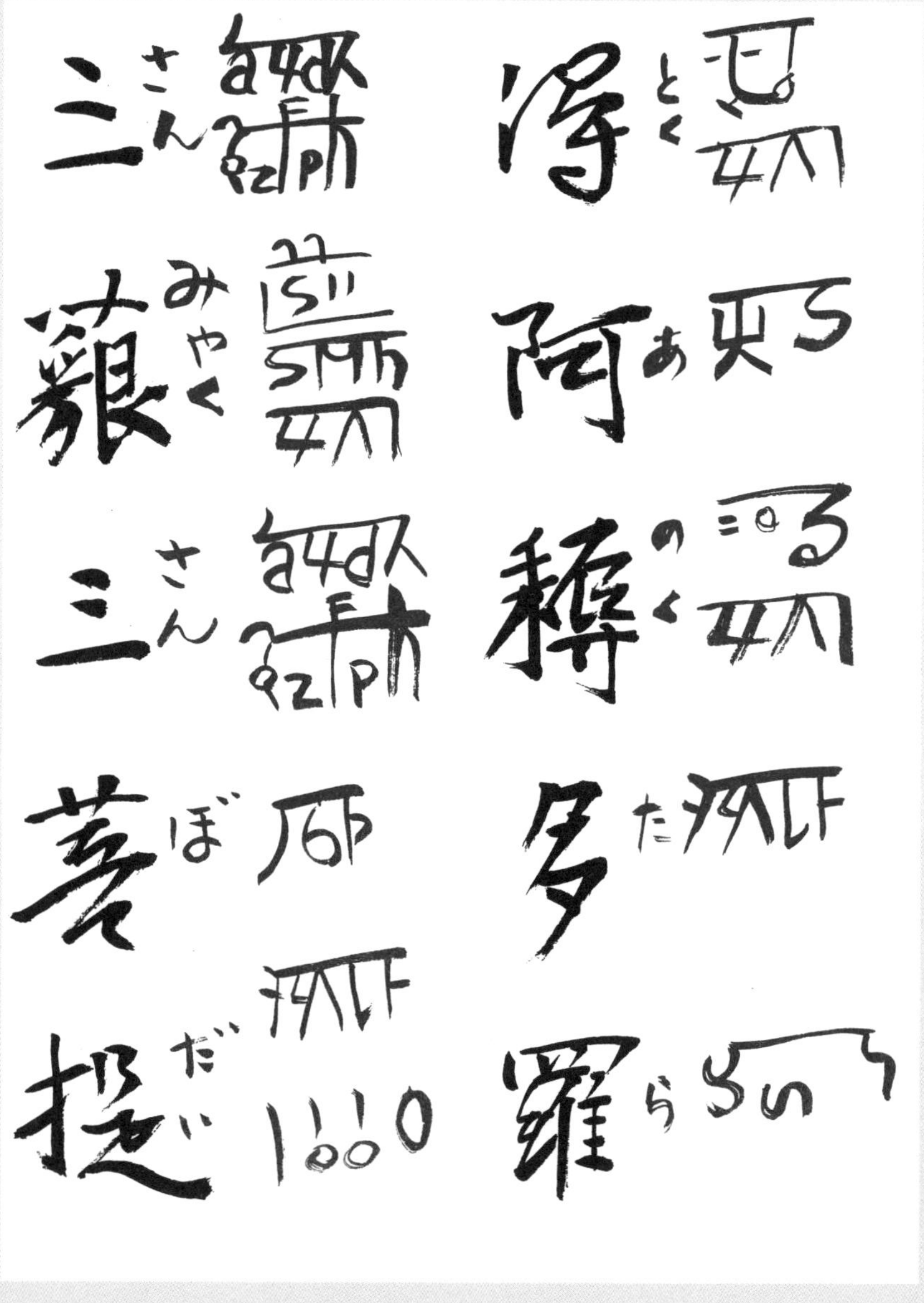
得《とく》阿《あ》耨《のく》多《た》羅《ら》
三《さん》藐《みゃく》三《さん》菩《ぼ》提《だい》

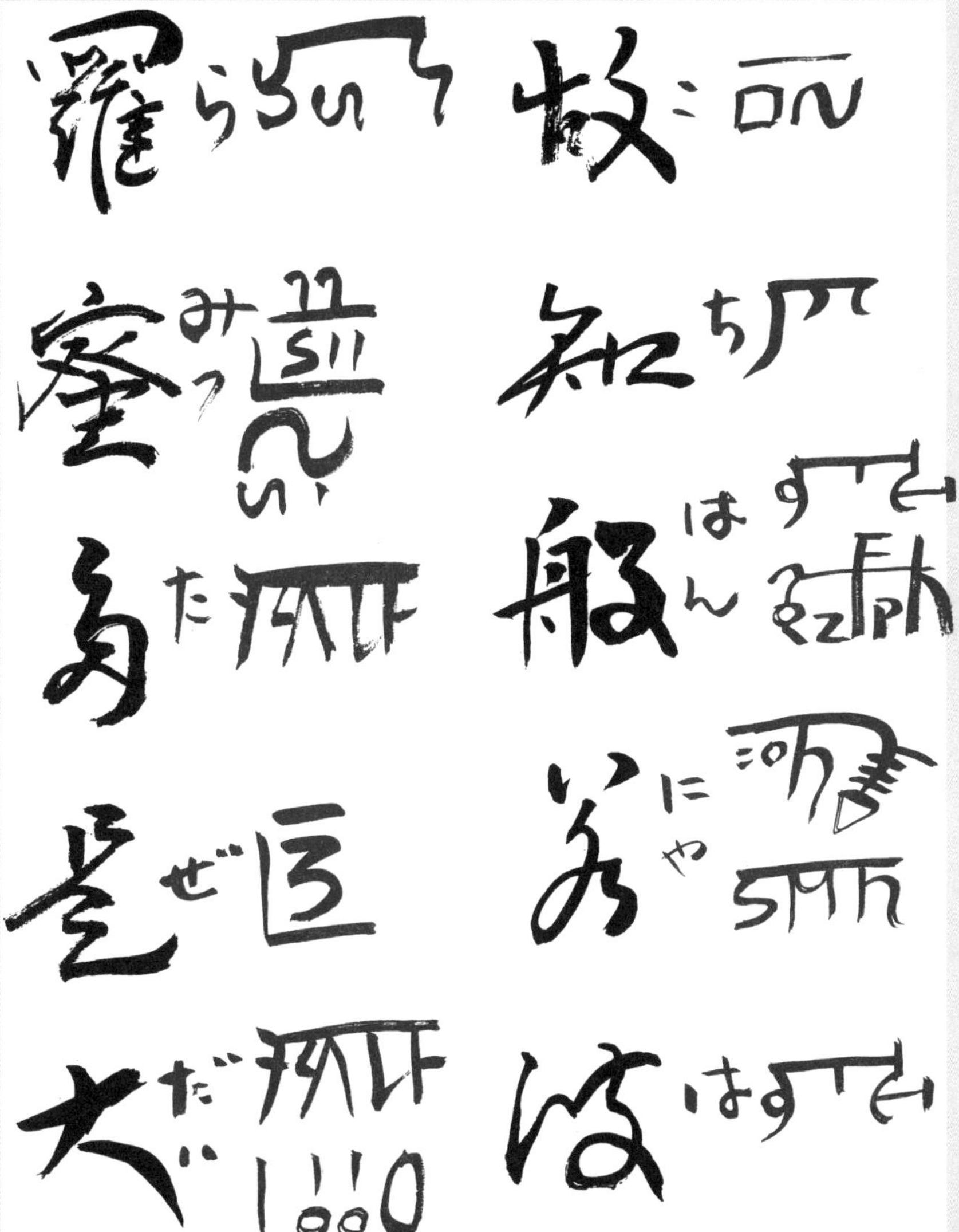

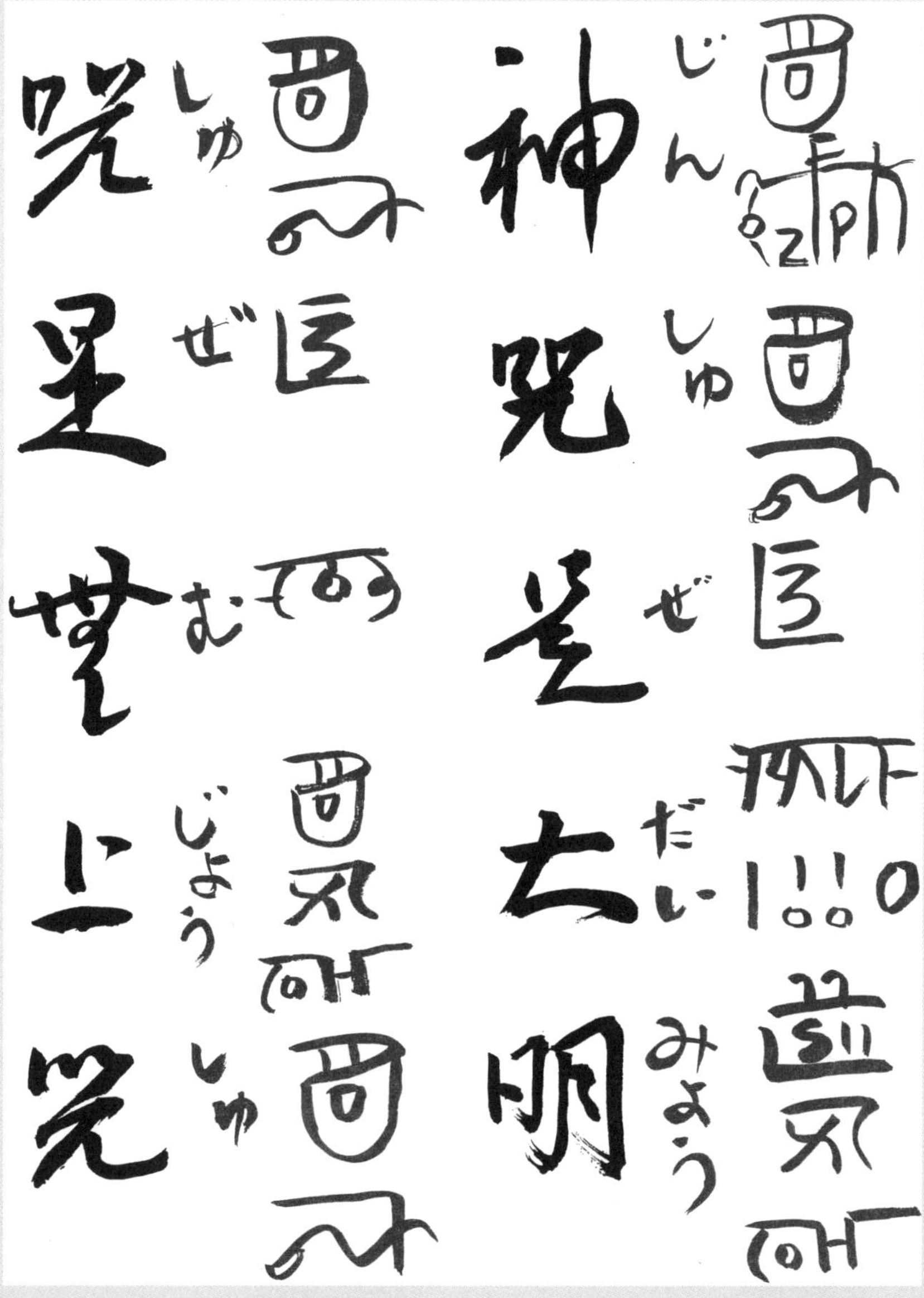

神《じん》呪《しゅ》是《ぜ》大《だい》明《みょう》
呪《しゅ》是《ぜ》無《む》上《じょう》呪《しゅ》

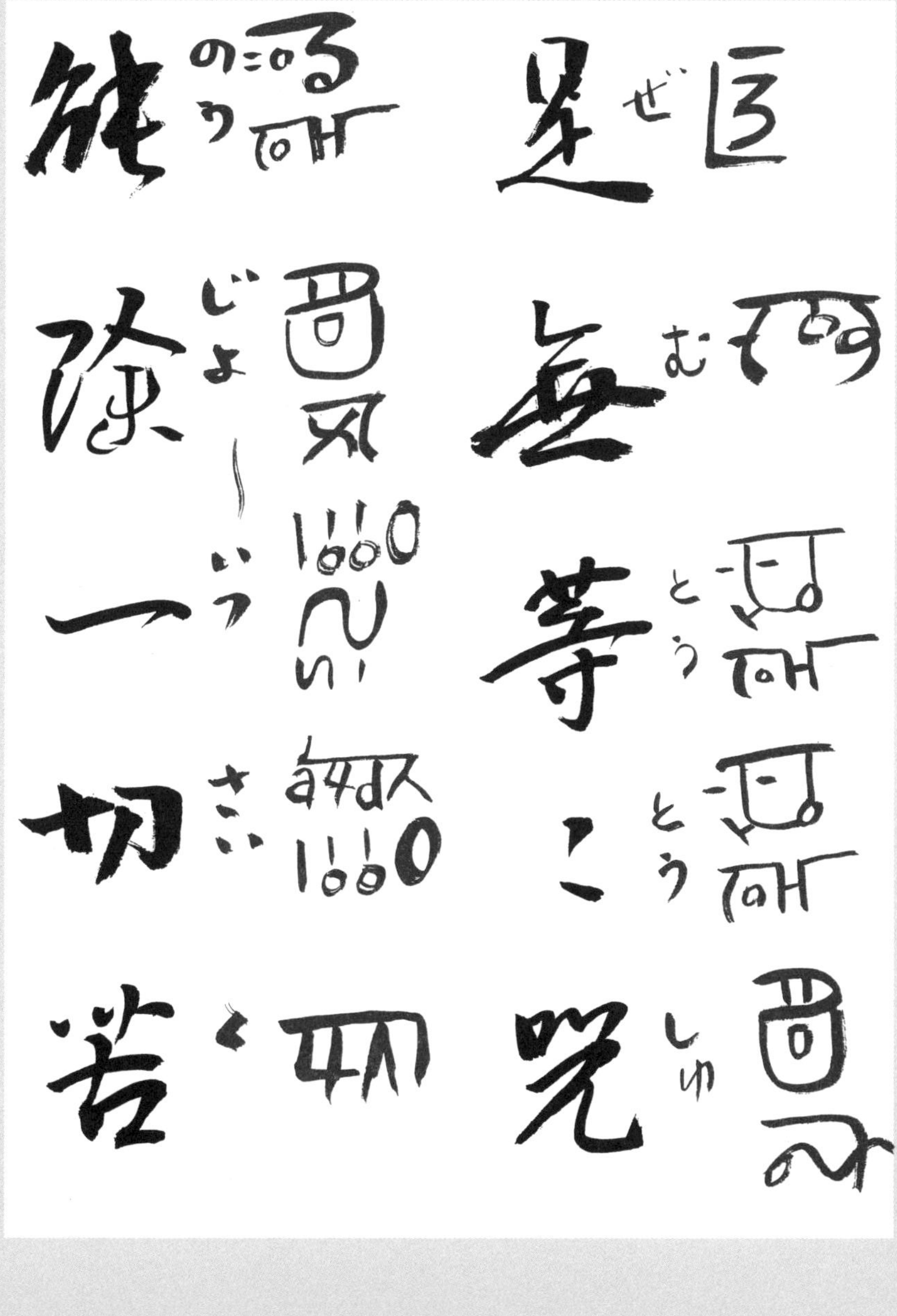
是《ぜ》
無《む》
等《とう》
こ《とう》
呪《しゅ》
能《のう》
除《じょ》
一《いつ》
切《さい》
苦《く》

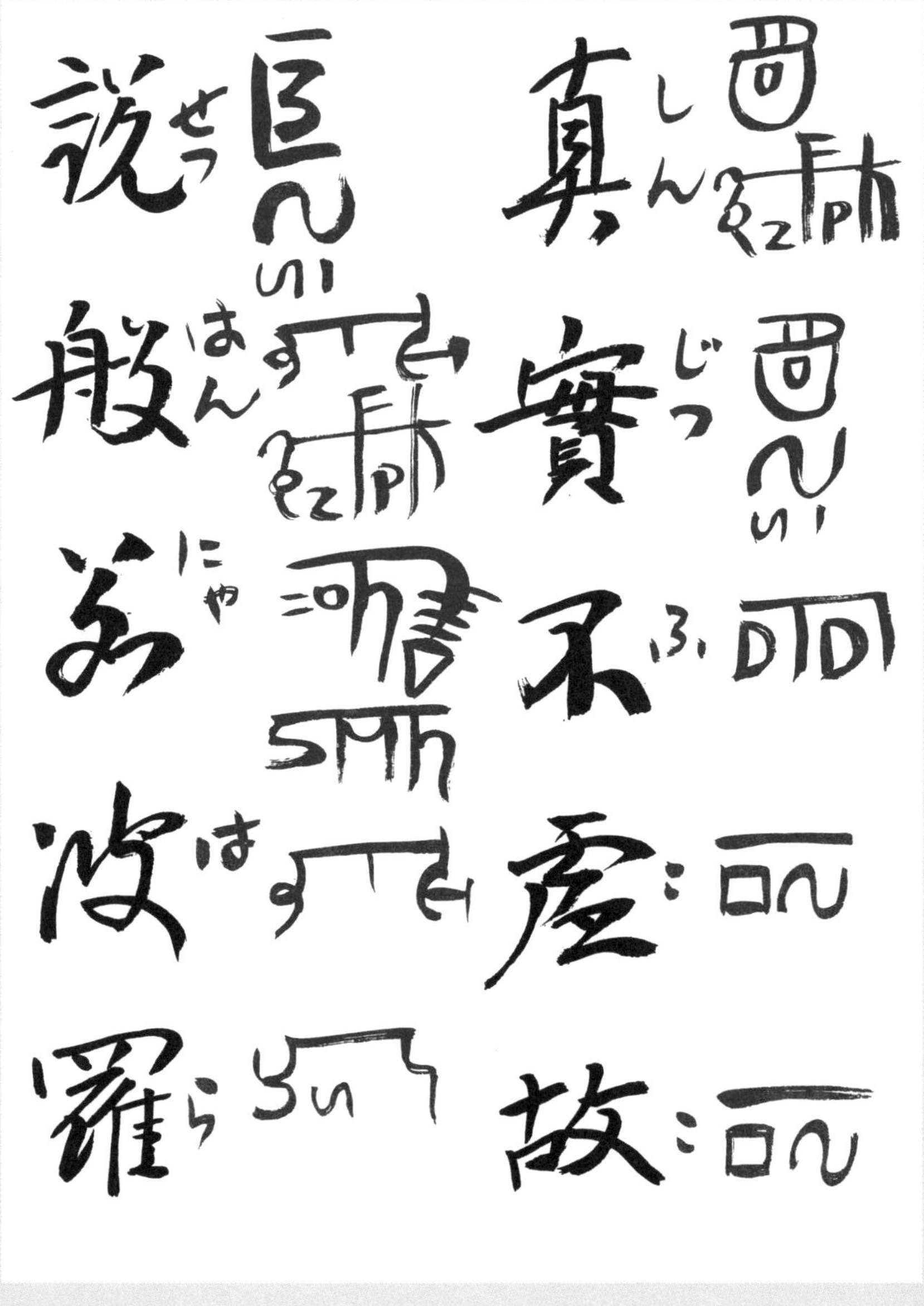
真《しん》實《じつ》不《ふ》虚《こ》故《こ》
説《せつ》般《はん》若《にゃ》波《は》羅《ら》

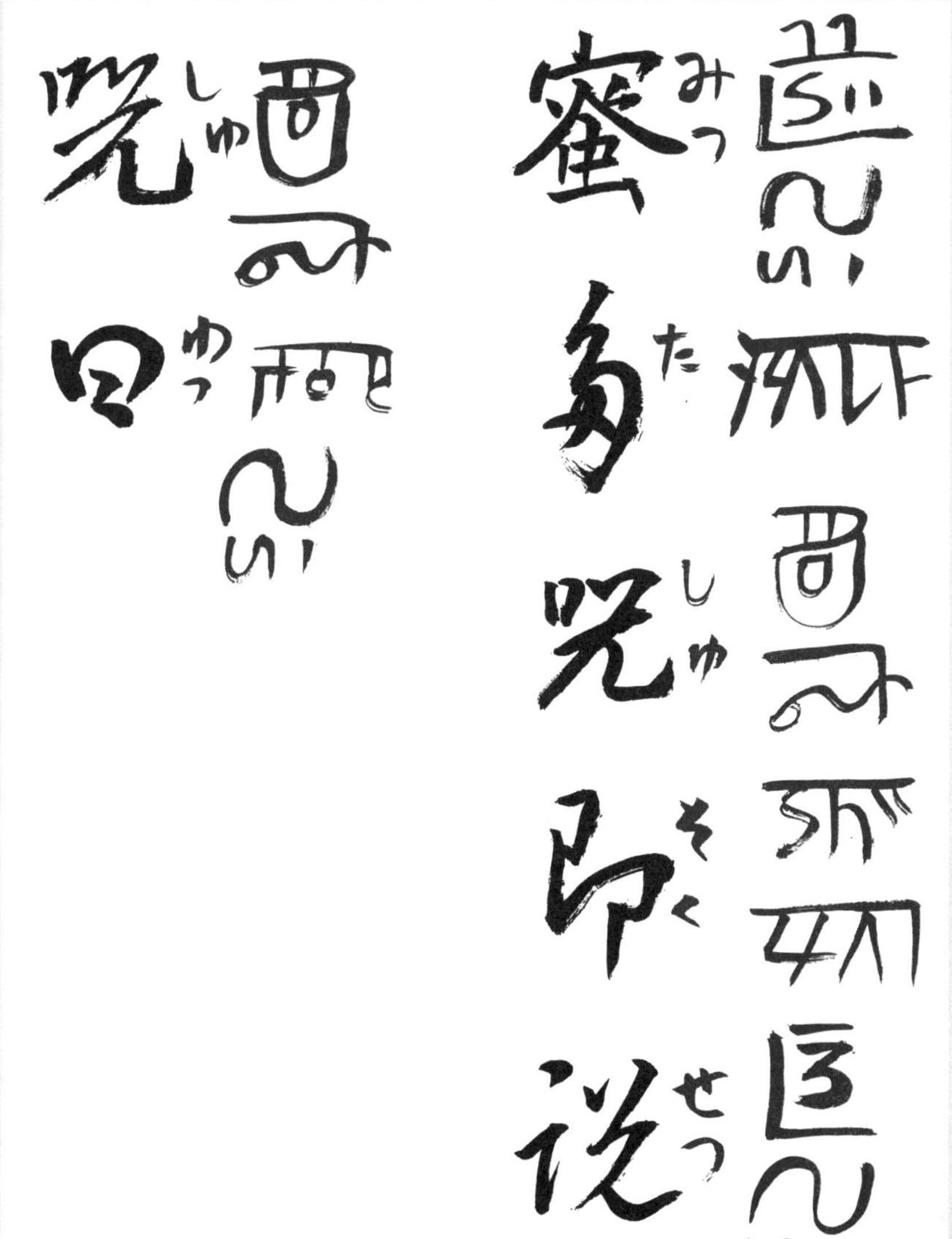
蜜《みっ》多《た》呪《しゅ》即《そく》説《せつ》
呪《しゅ》曰《ゆっ》

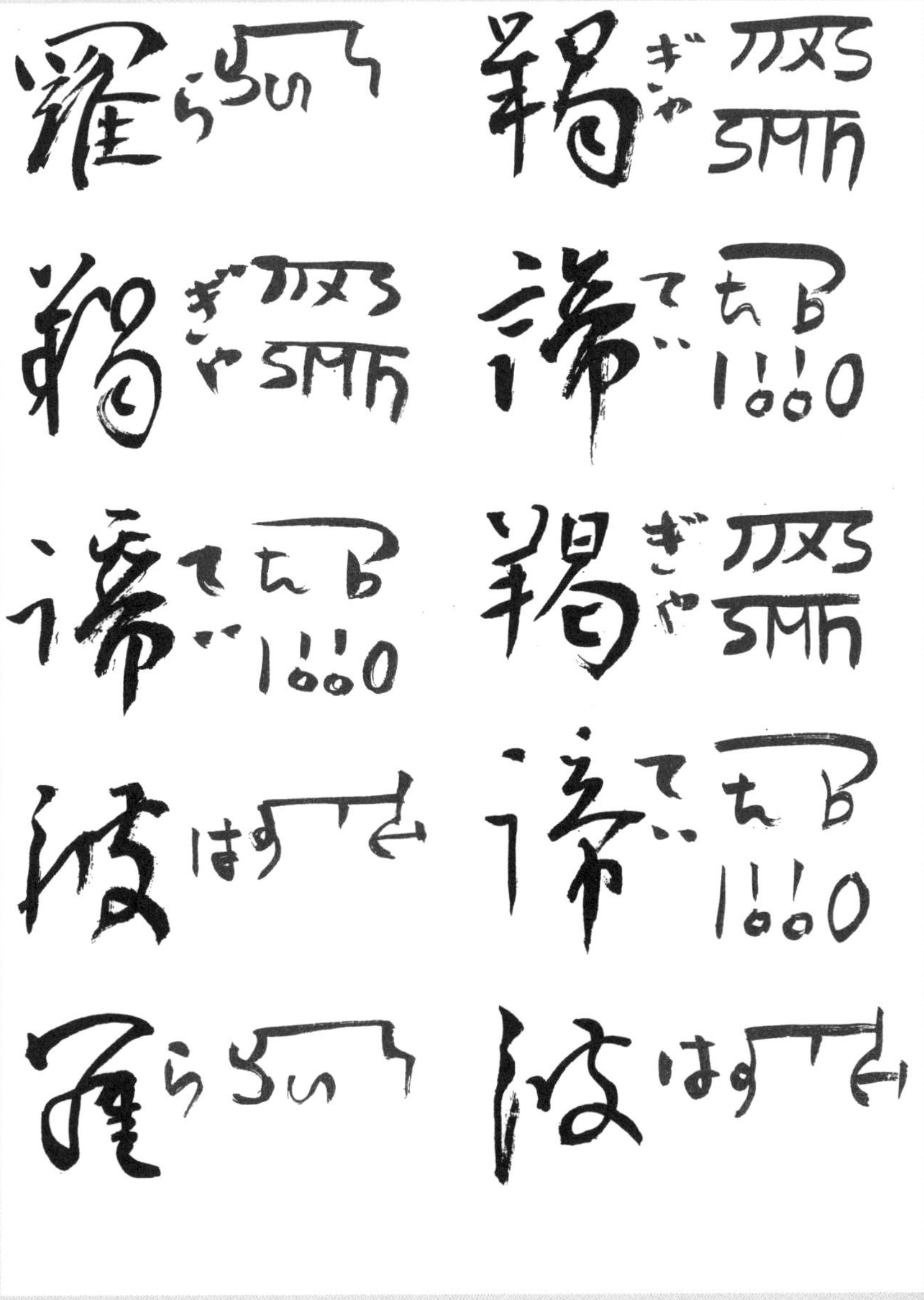
羯《ぎゃ》
諦《てい》
羯《ぎゃ》
諦《てい》
波《は》
羅《ら》
羯《ぎゃ》
諦《てい》
波《は》
羅《ら》

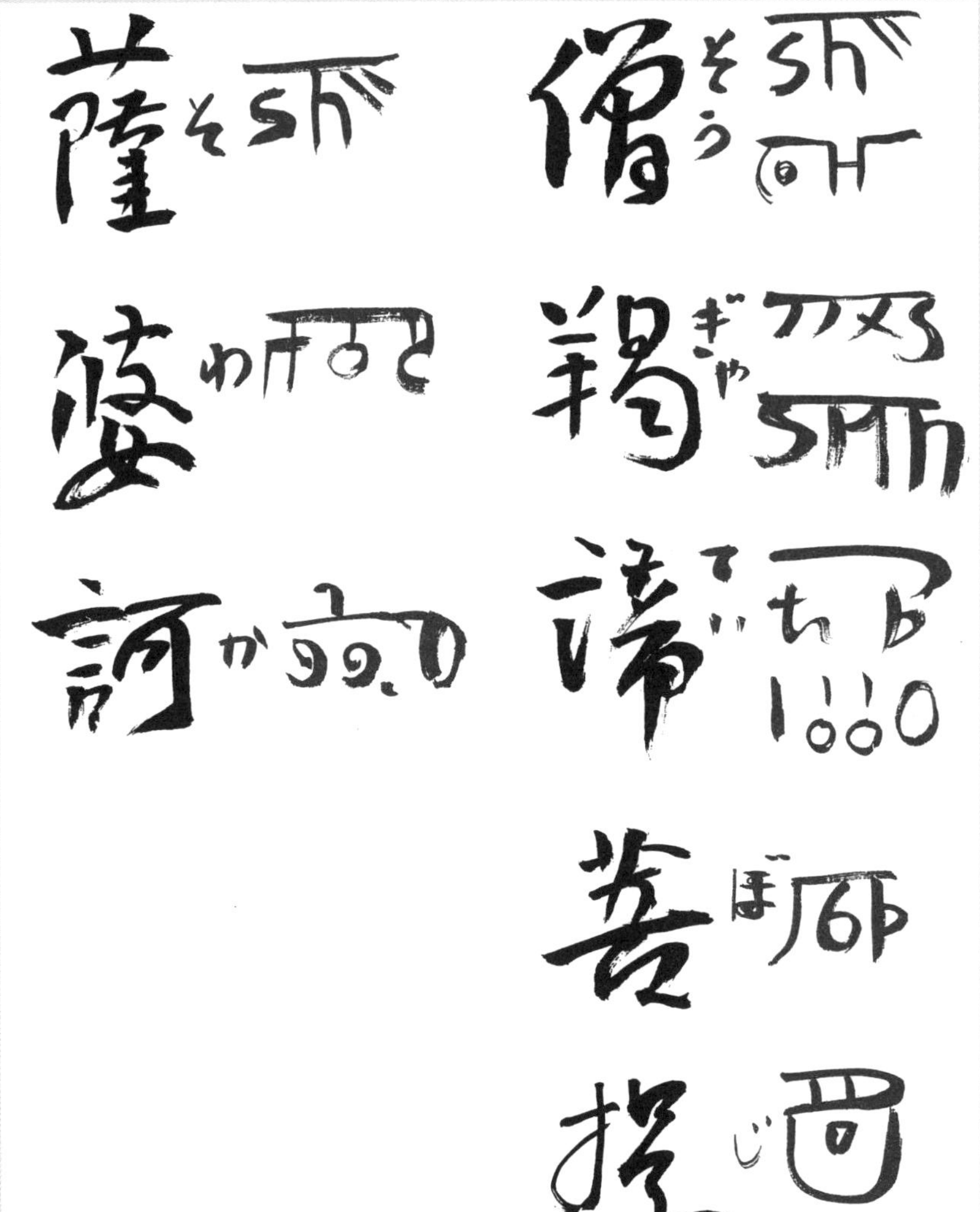
僧 そう
羯 ぎゃ
諦 てい
菩 ぼ
提 じ
薩 そ
婆 わ
訶 か

集<ruby>しゅう</ruby>
根<ruby>しゃく</ruby>
空<ruby>くう</ruby>
集<ruby>かい</ruby>
書<ruby>しょ</ruby>

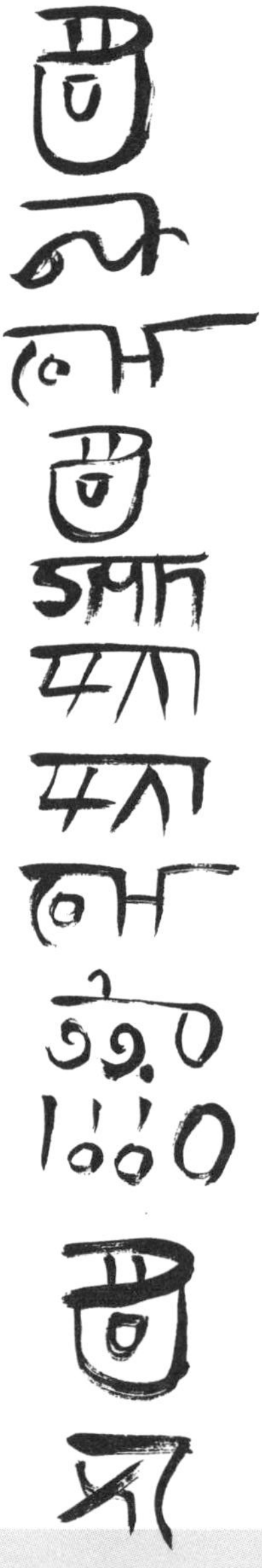

ウマシアシカビヒコジからのお言葉

◆ウマシアシカビヒコジに伺います。

2018年に龍体文字の本が出て、古代の文字が現代によみがえり、みなさんに龍体文字を使ってもらって、どんなお気持ちでしょうか？

お答え

とても喜んでいます。あまり知られていなくて、名前を知っているものが少なかったのに、多くの人が知ることになったからである。

すべてのことには神がいるので、それの中には、愛と恵みがあるからで、神はけっして人を見捨ててはいない。

大きな愛の手の中にいて遊んでいるのだ。

龍体文字は神の愛の表れの、ほんの一部にすぎない。
大きな愛に到達するまでは、まだ時間がかかるだろう。
龍体文字を使うことは、天とつながることだから、何もなくても使ってほしいものだ。

◆龍体文字は日常で使う文字ではなく、儀式で使うものだったのでしょうか？

お答え
言葉をそのまま書くには複雑な文字であるが、天とつながるには適している。

◆龍体文字をつくるとき、降ろすときは、大変だったのではないでしょうか？

お答え
一瞬のうちにつくられたのだ。

それを受け取る優れた霊能者がいたから。

◆やはり龍の導きがあったのでしょうか？

お答え
龍どころか、たくさんの神様が熱心に計画されていたのだ。
龍は、そのお手伝いをしたくらいだ。

◆これから私たちに、どんなふうに使ってほしいですか？

お答え
みんなが仲良くなる道具として使って、愛と平和の世の中にしてほしい。

おわりに

龍体文字は、今から５５００年くらい前にウマシアシカビヒコジという神様によって編《へん》纂《さん》されました。

その頃の日本は縄文時代で、１万年くらいずっと争いのない平和な時代で、戦争も殺人事件もなかったと言われています。

そんな夢のような時代に作られた龍体文字を、ぜひとも、現代に生きる人が活用して、平和な世の中になってほしいものです。日本人は虫の声を雑音と思わないで、いい音として感じられる数少ない民族だそうです。もし、日本人が虫の声を雑音だと思うようになったら、世界は滅亡すると言われるほどです。

日本語も癒しの言葉です。発音するとその音に癒されて、魂が癒される波動です。

その48の音を使って縄文の人々が交流していたので、平和だったのかもしれません。

その言葉を記録したいと思ってできたのが文字です。たくさんの文字ができましたが、中でもとても古く、パワーがあるのが龍体文字だと言われています。

「きに」が痛みにとても効果があることがわかって、鍼灸師として自分の鍼灸院で毎日の治療に活用して、とても助かっています。痛みをとったり、誰かを癒すという行為は、愛の行為にほかなりません。

地球は愛の学校なので、誰かを助ける行為をすることは大切です。その愛の行為が、龍体文字を書くことですぐにできてしまうのです。「愛を行うために生きて、愛を受けるために生きる」という人生の大きな課題が龍体文字を使うことで成し遂げられるのです。

誰かを助けて、喜びの笑顔を見るということは簡単なことではないですよね。

ぜひ「きに」だけでも覚えて、書けるようになってください。

この本では、龍体文字で般若心経を書いてみました。普通のよくある般若心経のお手本もわかりやすくていいのですが、三筆と言われていた空海様の書をお手本にして、なぞって、その横にフリガナを書いて、龍体文字を書きました。とてもパワーがあるものができたと思います。

ページを開いて感じて、ご覧下さい。

それから、フトマニ図は宇宙の森羅万象を表すと言われています。

その一つ一つに神様がおられると言われているので、どの神様がどこに行きたいのかと、お尋ねしてみました。

古事記や大祓いに出てこられる有名な神様にお尋ねしてみました。これを調べることによって、たくさんの神様のお名前や御働きを知ることができて、とてもよい経験になりました。

インドの神様も、日本の神様のようにたくさんおられますね。聖者ラーマクリシュナが、とても熱烈に信仰していたのが、カーリー女神です。『ラーマクリシュナの不滅の言葉』という本の中に、神について、

「一つの貯水池に、いくつもの水汲み場がある。ヒンドゥー教徒はこちらの水汲み場で水を汲んでジョルと言い、イスラム教徒はあちらの水汲み場から水を汲んでパーニーと呼び、キリスト教徒はまた別の水汲み場から汲んでウォーターと呼んでいる。また違う水汲み場から汲んでアキュアと呼んでいる人たちもいる。

名前は違っても中身は全く同じもの。一つの神にいろいろな名前がついている」

という言葉があって、その土地や歴史の中で求められる形に姿を変え、神は名前を変える。しかし、同じものだよとおっしゃっていて、どちらが本物だとか正しいというのは、おかしいことだとおっしゃっています。


破壊の神様は、自然界にはなくてはならない強力な力を持った神様です。

カーリー女神はシヴァ神の奥さんで、夫のシヴァ神を踏みつけにしている姿が描かれています。

カーリー女神があまりにも大地を踏みならしたため、大地が壊れそうになったので、シヴァ神が間に入って、大地が壊れないように守っていることを現わしているそうです。

カーリー女神のような働きをする龍体文字はあるのでしょうか?

お尋ねしてみると「その」でした。

今まで使ったことがない文字でした。何か硬い物でも壊す時に役立つかもしれません。


今回、初めてフトマニ図がシールになりました。小さいものはスマートフォンや携帯に貼ったり、大きなシールはノートやファイルに貼ったりして自由にお使いください。

一人でも多くの方に龍体文字を書いて、使っていただきたいと思っています。

龍体文字に慣れていない方は、特典にある龍体文字のシール「く」「ふ」「ぬ」「むく」「つる」「きに」をまずは活用して、龍体文字をお楽しみください。

最後になりましたが、今回、龍体文字を編纂されたウマシアシカビヒコジ様に、お気持ちを伺ってみました。

直接私がウマシアシカビヒコジ様と交流しているというよりは、私の間に守護神守護霊様が入って取り次いでくださっているようです。お取次の神様ありがとうございます。

また、ウマシアシカビヒコジ様が、龍体文字を使うことは、天とつながることだとおっしゃっていたのが印象的です。皆さんも龍体文字をどんどん使ってみてください。

２０２４年２月４日立春

森 美智代

森 美智代（もり　みちよ）

1962年生まれ。短大卒業後、養護教諭として大阪府で勤務中に難病の脊髄小脳変性症を発病。以来西式甲田療法を実践し、難病を克服。

その後、鍼灸学校に入り、鍼灸師の免許を取得。現在、大阪府八尾市で森鍼灸院を開業。

１日約50キロカロリー青汁１杯とサプリメントだけの生活を20年以上続けている。

映画『不食の時代』白鳥哲監督、映画『「食べること」で見えてくるもの』（鈴木七沖監督）に出演。

著書に『「断食の神様」に教わった　霊性を高める少食法』（徳間書店）、『「食べない」生き方』（サンマーク出版刊）、『新装版　断食の教科書』（ヒカルランド）、『開運！龍体文字の奇跡』（マキノ出版）、『貼るだけで願いがかなう龍体文字図鑑』（宝島社）、『ハンディ版　毎日開運！　龍体文字のパワー』（河出書房新社）などがある。

ホームページ
morishinkyuuin.com

[決定版]龍体文字
神代文字で大開運!

第1刷　2024年2月29日
第2刷　2024年10月5日

著　者　森美智代
発行者　小宮英行
発行所　株式会社徳間書店
郵便番号141-8202　東京都品川区上大崎3-1-1
目黒セントラルスクエア
電話　編集(03)5403-4344　販売(049)293-5521
振替　00140-0-44392

印刷・製本　大日本印刷株式会社

ISBN978-4-19-865773-4